마약을

삼킨 나라,

대한민국

KB191990

마약을

중독이 일상이 된 시대,
마약 없는 내일을 위한 기록

삼킨 나라,

조성남 지음

대한민국

21세기북스

프롤로그

더 늦기 전에 우리가 알아야 할
중독의 모든 것

중독자들은 어떤 사람들인가? 무서운 사람들인가? 불쌍한 사람들인가? 두려워해야 하는 사람들인가?

내가 만난 중독자들은 모두가 안타까운 사람들이었다. 전부가 다 자신이 원하는 삶을 살아가지 못하고 있었다. 중독이라고 느낄 때는 너무나 늦어 있었다. 모든 것을 잃고서야 자신이 중독자임을 깨닫는 것이다. 조금만 더 일찍 알았어도, 조금만 더 일찍 치료받았어도, 자신의 문제를 누군가와 진실하게 이야기라도 나누었다면 결말은 달랐을 것이다.

나는 37년 전 군대 제대 후 첫 직장인 법무부 치료감호소에서 처음으로 약물 중독자를 만났다. 그는 필로폰 중독으로 향정신성의약품관리법위반과 사기죄로 치료감호를 받았다. 사업에 실패하고 가정불화까지 겹치자 좌절감 속에서 자포자기하는 심정으로 처음 접한 필로폰이 어떻게 그의 인생을 지배해 왔는지를 자세하게 알 수 있었다. 또한 필로폰에 취해 정신병적인 상태에서 자식을 살해한 중독자를 만나 그의 끔찍한 불행이 단 한 번의 필로폰 사용으로 시작되었다는 것도 알게 되었다. 그들과 만날수록 그들의 불행한 삶이 너무나 안타까웠고 그들에게는 내가 마지막 보루라는 생각이 들었다.

자기가 좋아서 마약을 한 건데 뭐가 불쌍하고 안타깝냐고 말할 수도 있다. 맞다. 불법인지를 알면서 시작한 것 자체는 분명 잘못이다. 그러나 그 누구도 중독이 되고 싶어 시작한 것은 아니다. 자기도 모르게 한 번, 두 번 반복하면서 점차 깊은 중독의 늪에 빠지게 되고, 정신을 차릴 때는 이미 너무 늦어 있었다.

내가 만난 중독자 대부분은 가족 없이 혼자 살고 있다. 모든 가족이 다 내 곁을 떠나고 나서야 정신이 든다. 친구들도 다 떠나고, 소위 약물 중독자들만 주변에 남아 있어 재발하지 않으려고 해도 그러기가 어렵다. 대부분이 모든 재산을 잃고 일할 의욕 또한 잃은 상태에서 좌절감에 자포자기하며 재발을 반복한다. 모든 치아를 잃고 엉망이 된 신체와 의심병, 불안, 공황, 우울감에 휩싸여 지내는 것은 기본이고, 일부는 심한 정신병에까지 이르게 되며, 20~30%는 결국 자살로 생을 끝낸다.

이들은 절대로 모든 것을 포기할 만큼 마약이 좋아서 하는 아니다. 결국에는 울면서 어쩔 수 없이 마약을 하게 된다. 그리고 이 모든 것은 단 한 번의 호기심에서 시작된다. 다만 그 한 번의 시작이 얼마나 무서운 것인지 전혀 짐작하지 못했을 뿐이다.

우리는 암을 앓아보지 않아도 암이 얼마나 무서운 질병인지, 또 어떻게 진행되는지를 너무나 잘 알고 있기에 암에 걸리지 않기 위해 스스로 예방하고 노력하며, 설령 발견되더라도 초기에 적극적으로 치료를 받으려고 한다.

중독 역시 한 번만 해본 것뿐인데 왜 계속 반복하게 되는지, 나도 모르는 사이 급속히 진행되면서 결국 비참한 말로를 겪게 되는 얼마나 무서운 질병인지를 미리 알아둘 필요가 있다. 질병은 의지만으로는 해결하기 어렵다. 전문적인 치료를 통해서만 회복할 수 있다.

모든 중독자들도 한때는 평범한 삶을 살아가는 평범한 사람이었다. 한 번의 호기심으로 중독이라는 질병이 시작되었고, 자신도 모르는 사이 모든 것을 잃은 뒤에야 후회하게 된다는 게 문제다. 이 책을 통해 독자들에게 중독이 어떤 질병인지를 구체적으로 알림으로써 스스로 예방할 수 있도록 도움을 주고 싶다. 또한 중독자들에게는 이 책을 통해 제대로 된 치료를 제공하는 기회가 되기를 바란다.

2025년 3월

조성남

차례

1부

대한민국이
심상치 않다

마약류 중독의 실태

하루가 멀다고 마약 사건 뉴스가 쏟아지고
강남 학원가에서는 어린 학생들을 상대로
마약 음료 시음 행사를 하는 어이없는 사건이 벌어졌다.
그러자 정부에서는 '마약과의 전쟁'을 선포했다.
우리나라는 어쩌다 이렇게 마약 위험 국가가 되었을까?

1장

마약의 유혹과 덫

가족과 맞바꾼 아편의 유혹

정신건강의학과 전문의로서 마약류 중독자들을 만나고, 또 그들을 치료한 지 37년 정도 되었다. 그러므로 내가 치료했던 환자의 90%는 마약류 중독자였다. 나의 이런 경험과 임상을 토대로 우리나라 마약류 중독의 실제 상황이 어떠한지 살펴보고, 또 그에 따른 어떤 제도가 있는지 알아볼 것이다. 또한 마약류 중독이 어떤 질환인지, 왜 한번 중독되면 반복할 수밖에 없는지 그 기전과 피해에 대해서도 알아보고, 나아가 마약류 중독의 치료와 회복에 대해서도 상세하게 짚어볼 것이다.

먼저 1부에서는 우리나라 마약류 중독의 실태를 살펴보고, 그와 관련해 어떤 제도가 있는지 알아보자.

우리나라는 과연 마약의 안전지대인가, 아니면 위험한 나라인가에 대해서는 논란이 많다. 몇 년 전까지만 해도 우리나라는 마약의 안전지대라고 자부하면서 정부에서도 단속 위주일 뿐 치료나 재활에는 크게 관심을 두지 않았었다. 그런데 우리나라 역사를 보면 광해군 3년(1611년)에 이미 아편의 약효나 제조법이 소개되기 시작했다. 특히 구한말에는 중국의 영향으로 인해 아편 흡연을 남용하는 사람들이 많아지면서 이를 당연시하는 풍토가 조성되기도 했다. 중국은 아편전쟁*으로 나라가 망한 역사가 있다.

아편阿片은 덜 익은 양귀비 열매에 상처를 내 흘러나온 즙액을 굳혀 말린 고무 모양의 흑갈색 물질이다. 여기에는 모르핀morphine을 비롯해 30가지 이상의 알칼로이드가 포함되어 있다. 진통제, 진경제, 마취제, 지사제 등으로 쓰이는

---

* 1840년, 아편 문제를 둘러싸고 청나라와 영국 사이에 일어난 전쟁으로 1842년에 청나라가 패해 난징조약을 맺음으로써 전쟁이 끝났다.

데 강한 중독을 일으키므로 오늘날 약용 이외의 사용을 법으로 엄격하게 금지하고 있다.

일제 강점기인 1914년에는 조선총독부에서 아편 단속 법령을 발표하기도 했다. 그러다가 1925년에는 아편을 전매 작물로 허용하기 시작했고, 그러면서 아편 중독자들이 급격히 확산되었다. 해방 이후에도 진통제나 기침약으로 사용하던 대부분의 약이 아편 제제였는데, 이렇게 처음에는 아편을 치료제로 투여하다가 점차 거기에 중독되는 경우가 아주 많았다.

이후 우리나라는 한국전쟁을 겪으면서 많은 수의 부상자가 발생했고, 이들을 수술하고 치료하는 과정에서 모르핀 등 많은 양의 마약성 진통제를 사용했다. 모르핀은 아편의 주성분으로 냄새가 없으며 맛이 쓰고 물에 잘 녹지 않는 무색의 결정체다. 중추신경계에서 통증 자극을 전달하는 신경 전달 물질의 분비를 억제해 진통 효과를 일으키는 마약성 진통제이며, 마약으로 지정되어 있다.

그 당시 모르핀 등의 마약성 진통제를 다량 사용하면서 그에 따른 부작용으로 약물에 중독되는 사람들이 많아지자 메타돈methadone이라는 합성 마약을 대체 약물로 사용했다. 아편 제제는 금단 증세가 극심해서 갑자기 끊으면 엄청난 고통을 감당해야 하기 때문이다. 메타돈은 이렇게 모르핀이나 헤로인heroine에 의존하는 환자의 금단 증세를 치료하는 데 사용되었다.

그 시대를 배경으로 한 영화나 소설을 보면 아편 중독자들이 금단 증세에 고통스러워하며 이를 견디지 못해 어떻게든 아편을 구하려고 자기 부인과 딸을 팔기까지 하는 장면이 등장하기도 한다. 아편을 하기 위해서라기보다 죽을 것처럼 고통스러운 금단 증세를 견딜 수 없어 가족을 아편과 바꾸는 지경에 이르는 것이다.

금단 증세가 이토록 심하다 보니 아편 중독을 치료하기 위해서는 한순간에 완전히 끊는 게 아니라 합성 마약으로 대체해 서서히 끊어나가는 방식을 선택한다. 이를 메타돈 대체 요법MMT, Methadone Maintenence Treatment이라고 한다. 실제로 우리나라에서도 1960년대에 아편 중독 환자를 상대로 메타돈을 사용했다. 그런데 합성이기는 해도 메타돈 역시 마약이다 보니 나중에는 합성 마약인 이 메타돈에 중독된 사람들이 또 많아지는 부작용이 나타났다. 결국 메타돈 역시 금지하기 시작했다.

대마초가 젊음의 상징이라고?

1970년대에 우리나라에 히피 문화가 들어오기 시작하면서 이번에는 대마hemp가 확산했다. 대마관리법이 만들어지기 전까지 젊은이들 사이에 대마초가 유행했다. 심지어 젊음의 상징으로 청바지, 통기타, 대마초가 꼽혔고, 이 세 가지를 해야 청년으로 인정받는 문화가 조성될 정도였다. 이런 문화 속에서 연예인을 비롯해 적잖은 사람들 사이에 대마초가 급속히 확산하자 정부에서는 대마관리법을 만들어 이를 규제하기 시작했다.

그 뒤를 이어 1980년대에는 필로폰philopon이 국내에 유통되며 급격히 퍼져나갔다. 필로폰은 매우 강력한 중추신경 흥분제로서 각성 작용을 일으키는 합성 화합 물질이다. 남용할 경우 육체적 활동이 증가하고, 불면과 환각 등의 중독 증상이 나타난다. 심각한 의존성이 생기며 중단 시 금단 증세가 유발되므로 마약류로 분류해 법적으로 강력히 규제하는 약물이다.

제2차 세계대전 이후 일본에는 필로폰 중독자들이 급격히 증가하기 시작했다. 그 이유는 전쟁 당시 일본은 군인들에게 필로폰을 투약했는데, 일종의 각성제로 피로감을 줄이고 잠을 쫓고 배고픔을 잘 느끼지 못하도록 함으로써 군인들의 사기를 높이기 위한 목적으로 사용했던 것이다. 제2차 세계대전 때 폭탄이 장착된 비행기를 몰고 자폭한 일본군 가미카제 특공대 역시 필로폰을 투약한 상태였다고 알려져 있다.

전쟁이 끝나면서 이 필로폰이 일반인들에게로 퍼져나갔다. 주로 공부하는 학생들이나 야간 운전을 하는 사람들, 또 장시간 일을 해야 하는 사람들이 잠을 쫓기 위해 사용했다. 일반인들 사이에 필로폰이 유행하면서 부작용이 심해지자 일본 정부는 이를 금지했다.

그런데 놀랍게도 이 필로폰을 제조한 나라가 다름 아닌 우리나라였다는 사실을 알고 있는가. 우리나라에서 만들어진 필로폰은 부산을 통해 일본으로 흘러 들어갔다. 그런데 일본에서 필로폰을 규제하면서 밀수입을 막기 시작하자 일본으로 넘어가지 못한 필로폰이 국내에 풀리기 시작했다. 1980년대에 우리나라에 필로폰 중독자가 많아지기 시작한 이유 중 하나가 이 때문이다.

이뿐만 아니라 그 당시 우리나라에는 젊은이들이나 청

소년 사이에 본드나 부탄가스 등의 유해 화학물질을 흡입하는 행위가 유행처럼 번져나갔다. 내가 경험한 본드 흡입 환자 중에는 고작 7세밖에 되지 않은 어린이도 있었다. 물론 이 어린이가 자발적으로 본드를 구해 흡입한 것은 아니다. 이 어린이에게는 13세의 누나가 있었는데 이 누나가 다른 아이들과 어울려 본드를 하는 것을 보게 되었고, 그러면서 그 행위를 따라 한 것이다.

이렇게 중학교 1, 2학년 때 혹은 더 빠르면 초등학교 고학년 시기에 본드나 부탄가스에 노출되어 있는 청소년들이 꽤 많았다. 1990년대 중반까지만 해도 필로폰으로 검거되는 사람보다 본드나 부탄가스 흡입으로 인해 검거되는 경우가 훨씬 많았다.

그 당시 기사를 보면 초등학생들이 본드를 흡입한 채 야산에서 전쟁놀이를 했다는 이야기가 있었을 정도다. 본드나 부탄가스 같은 유해 물질을 흡입했을 경우 환각 효과가 나타나기 때문이다. 본드에 취한 이 초등학생들은 손에서 녹색의 레이저 광선이 나간다면서 총을 쏘는 시늉을 했다. 이런 식의 환각을 경험한 아이들이 그 자극에 빠져 점점 더 많은 유해 물질에 노출되었다.

프로포폴, 의료용 마약의 남용

종류를 달리하며 우리의 일상 속으로 파고들었던 마약류 중독이 2000년대에 들어와 확연히 줄어들기 시작했다. 인터넷의 발달과 보급으로 마약류에 의존하던 사람들의 관심이 인터넷으로 옮겨간 이유도 있고, 우리나라에서 제조하던 많은 양의 마약류가 국내의 강력한 단속으로 중국으로 넘어간 이유도 있다.

그 뒤로는 대거 중국에서 만들어진 마약류가 다시 우리나라로 수입되는 현상이 나타났다. 그러면서 생아편은 물론이고 엑스터시ecstasy, 다이어트약(각성제) 같은 신종 마약류와 코카인cocaine이나 헤로인 같은 약물도 들어오기 시작했다. 다양한 종류의 마약이 국내로 밀반입되자 이전까지는 각각 따로 존재하던 마약법과 대마관리법, 향정신성의약품관리법이 2000년 7월에 마약류 관리에 관한 법률로 통합되면서 관리와 단속이 더욱 강화되었다.

2010년대에 들어서면서 가장 두드러진 문제점은 의료용 마약의 남용이 점점 더 늘어났다는 점이다. 불법 마약보다 의료용 마약의 문제가 더 심각할 정도다. 우리가 일상에서 매스컴을 통해 흔하게 접하는 프로포폴propofol이 2010년대 의료용 마약류 남용의 대표적 약물이다. 유명 인사와 연예인들이 프로포폴에 중독되거나 심지어 투약하다가 사망에 이르는 경우가 생겨났다.

프로포폴을 남용해 사망에 이른 사람들을 부검한 한 보고서에 따르면 44명을 조사한 결과 그중 반이 의사, 간호사, 병원 종사자 등의 의료인이었다. 약물을 쉽게 접할 수 있다는 게 가장 큰 이유였을 것이다. 그 당시에는 프로포폴이 마약류가 아닌 마취제로 분류되었기 때문에 의료 관계자의 경우 투약이 훨씬 더 용이했다. 프로포폴 남용이 극심해지고 이로 인해 사망에 이르는 경우 또한 많아지자 2011년부터는 이를 마취제가 아닌 마약류로 등록해 관리하기 시작했다.

프로포폴과 같은 의료용 마약류의 종류는 아주 많다. 수면제를 비롯해 다이어트약 등의 각성제들이 대표적인 경우다. 뇌를 자극하는 약물이나 항불안제도 마약류로 분류된다. 이렇게 의료용 마약류가 남용되기 시작하면서 불법 마약보다 의료용 마약류의 문제가 더 심각해지고 있다. 불법 마약은 누구나 해서는 안 되는 것이라고 인식하고 있지만 의료용 마약은 의사가 처방하는 것이다 보니 불법 마약과 달리 쉽게 생각하고 접근하게 된다는 게 문제다.

얼마 전까지만 해도 명동이나 홍대 등 젊은이들이 많이 모이는 곳에서 '해피벌룬'이라는 것을 공공연하게 판매했다. 해피벌룬은 아산화질소를 채운 풍선으로 이 역시 마약의 일종이다. 이를 흡입하면 기분이 좋아지고 웃음이 나오며 몸이 붕 뜨는 느낌이 든다. 남용이 심해지자 판매가 금지되었다. 화학물질관리법으로 이름이 바뀌면서 아산화질소도 유해 화학물질에 포함시켰기 때문이다.

최근 들어 문제의 심각성이 두드러지게 나타난 약물은 펜타닐fentanyl이다. 2021년 창원에서 고등학생 42명이 펜타닐 패치를 불법으로 구입해 남용하다가 검거된 사실도 있다. 뒤에서 좀 더 자세히 다루겠지만 펜타닐 패치는 매우 강력한 마약성 진통제이기 때문에 법적으로도 청소년에게는 이를 처방할 수 없으며, 성인의 경우에도 다른 진통제로는 더 이상 진통 효과가 없을 때 마지막으로 선택하는 약물이다. 2㎎만 투여해도 사망에 이를 수 있는 굉장히 위험한 약물임에도 불구하고, 정확한 정보를 가지고 있지 않은 청소년들이 무분별하게 이를 남용함으로써 문제의 심각성이 더욱 커지고 있다.

최근에는 옛날에 유행하던 부탄가스나 LP가스까지도 흡입하는 사례가 번지기 시작했고, 해외에서 스프레이를 남용하는 사람들이 늘어나면서 우리나라에서도 이를 따라 하는 사례가 많아지기 시작했다.

2장
마약과의 전쟁

일상 가까이 침투한 마약의 덫

2022년 12월, 현 정부에서는 '마약과의 전쟁'을 선포했다. 마약과의 전쟁은 예전에도 종종 있었다. 그런데 이전에는 대개 마약 사범을 철저하게 잡아들이겠다는 단속 위주의 정책이 대부분이었다. 반면 이번 마약과의 전쟁 선포의 특징은 마약류 중독자들을 대상으로 하는 치료와 재활에 대한 언급이다.

그에 따라 마약류 중독자의 치료와 재활, 예방을 담당하는 보건복지부는 물론이고 식약처, 법무부, 교육부, 과학

기술정보통신부 등 모든 부처에서 마약류 중독에 대한 치료와 재활을 어떻게 활성화할 것인지에 대한 논의가 활발하게 진행되고 있다. 이런 움직임이 하나의 기폭제가 되어 마약류 중독 치료와 재활이 일반화되어 있는 외국처럼 우리나라도 머지않아 그렇게 될 수 있기를 바란다.

현 정부는 왜 마약과의 전쟁을 선포했을까? 그동안은 많은 유명인이나 연예인들이 마약 관련해 검거되는 일이 종종 있어 왔다. 그런데 이제는 인터넷을 통한 마약류 관련 정보의 확산과 SNS와 가상화폐 등을 통한 거래나 던지기 수법 등으로 접근성이 너무 쉬워져 일반인들뿐만 아니라 청소년에게까지도 위험한 상황이 초래되면서 급속도로 확산해 마약이 우리 사회의 심각한 문제로 떠올랐다.

특히 2023년 초에는 대치동 학원가에서 초등학생들을 상대로 한 마약 범죄가 우리 사회를 엄청난 충격에 빠트리기도 했다. 범죄 조직은 '학습 능력을 높여준다', '집중력을 높여준다', 'ADHD 치료제다'라고 하면서 아이들에게 접근해 필로폰, 엑스터시 같은 각성제를 섞은 마약 음료 시음 행사를 벌였다. 그 덫에 걸려 마약 음료를 마신 아이의 부모를 상대로 공갈 협박을 하기도 했다. 이 사건으로 강남의 학원과 학교 등이 발칵 뒤집어지자 정부에서는 난리가 났고, 법무부 장관은 철저히 단속해 "악 소리나게 처벌하겠다"고 발표했으며, 청소년에 대한 마약류 남용 예방 교육의 필요성이 대두되었다.

물론 불법적인 일에 대해서는 당연히 단속이 필요한데, 여기에는 두 가지 쟁점이 존재한다. 하나는 공급 사범이다. 마약을 전문적으로 제조하고 판매하는 사범들은 지금보다 몇 배 더 철저하고 강력하게 단속하는 게 당연하다. 하지만 투약자들은 처벌을 강화한다고 해서 절대 그 수가 줄어들지 않는다. 그들은 이미 중독이라는 질병을 앓고 있는 사람들이고 이 질병으로 인해 범죄가 반복되는 것인 만큼 반드시 치료가 선행되어야만 재범을 예방할 수 있다. 그래서 법무부에서도 치료와 예방에 관심을 갖게 된 것이다.

우리나라는 과연 마약으로부터 안전한가

우리나라는 언제부터 이렇게 마약 위험 국가가 되었을까? 근래에 정부에서 마약과의 전쟁을 선포하며 단속을 강화하기 시작하는 걸 보고 비교적 최근 들어 마약 위험 국가가 되었다고 생각하기 쉽다. 그런데 사실 우리나라는 1999년부터 이미 마약 안전지대에서 벗어나 통제가 필요한 위험 국가로 넘어섰다.

아래는 연도별로 검거된 마약류 사범의 수를 그래프로 나타낸 것이다. 맨 위가 대마, 가운데가 향정신성의약품, 맨 아래가 마약 사범의 수다. 향정신성의약품은 대부분이 필로폰이고, 마약은 대부분이 아편 제제다. 마약은 주로 시골에서 노인들이 양귀비를 재배하다가 검거되는 경우가 전체의 80~90%다.

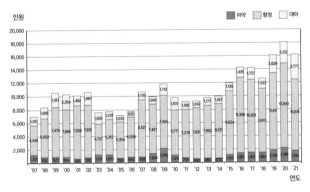

연도별 마약류 사범 검거 인원(출처: 경찰청)

드럭 인덱스Drug Index는 인구 10만 명당 적발된 마약 사범 수를 뜻하는데, 20 이상이면 마약이 통제되지 않는 사회에 진입했다는 것을 의미한다. 2020년 우리나라 드럭 인덱스는 36을 기록했다. 그런데 그래프를 자세히 살펴보면 1999년도 마약 사범의 수가 자그마치 1만 명이 넘는다. 1999년 우리나라 드럭 인덱스가 20을 넘은 셈이다. 다시 말해 23년 전부터 우리나라는 이미 마약 위험 국가에 진입해 있었다는 이야기다.

그러다가 2003년부터 몇 년간 마약 사범 수 증가 현상이 잠시 줄어들었다. 특히 필로폰이 많은 비중을 차지하고 있는 향정신성의약품 부분이 눈에 띄게 줄었다. 그 이유는 왜일까? 당시 대검찰청에서 마약 범죄 조직을 일망타진했다는 보도가 있기는 했지만 진짜 원인은 다른 데 있었다. 중국에서 중증급성호흡기증후군인 사스SARS가 유행하면서 우리나라로 밀수입되던 마약 유통이 차단되었기 때문이다. 마약을 구할 수 없다 보니 자연스레 마약 사범 수가 줄어들었다.

2007년이 되면서 마약 사범 수는 다시 증가했고, 2020년 이후 최근 몇 년 동안 그 수가 1만 6,000명 이상을 넘어서자 정부에서는 마약과의 전쟁을 선포하게 되었으며, 2023년에는 27,611명이 검거되었다. 마약 사범 수가 이렇게 증가하는 데는 여러 가지 원인이 있는데 그중 가장 큰 이유는 마약 사범의 재범률이 매우 높다는 데 있다. 모든 범죄 중 재범률이 제일 높은 게 마약류 사범이다. 중독이라는 질병을 앓고 있는 환자이기도 하기 때문에 치료를 받지 않으면 재범은 물론이고 범죄가 무한 반복될 수밖에 없다.

경찰청 자료에 따르면 우리나라에서 최근 5년간 검거된 마약 사범 5만 3,740명 중 재범이 2만 7,957명으로 재범률이 52%나 된다. 그중에서도 10~20대의 비율이 세 배 이상 증가했다. 2017년까지만 해도 마약 사범의 대다수가 40대 이상이었다. 이후 나이대가 점점 낮아지면서 2021년에는 20대의 수가 가장 많다. 게다가 10대 마약 사범 수가 매년 50% 이상씩 늘어나는 실정이다. 이렇게 10대와 20대의 젊은 층에서 마약 사범 수가 증가하고 있다는 것은 너무나도 끔찍한 일이며, 마약이 우리 사회에 얼마나 심각한 문제를 일으키고 있는지를 여실히 보여준다.

30년 넘게 수많은 마약류 중독자를 마주하면서 그들의 처참한 말로를 직면할 수밖에 없었다. 마약류로 인해 사고사를 당하거나 병이 들어 사망하거나 스스로 목숨을 끊는 사람도 있다. 자신의 인생뿐 아니라 가정 전체가 파괴되는 경우를 흔하게 봐왔기에 마약이 얼마나 무서운지를 뼈아프게 느끼고 있다.

가장 안타까운 것은 10대, 20대의 젊은 나이에 아무것도 모르고 호기심에 마약류를 남용했다가 돌이킬 수 없는 중독자의 길로 들어서는 경우다. 70~80년이나 되는 남은 인생을 중독자가 되어 끔찍한 모습으로 살아갈 것을 생각하면 몹시 안타깝다.

미국의 경우 2018년 통계 자료에 의하면 최근 한 달 안에 불법적으로 마약류를 남용한 인구가 5,300만 명이나 된다. 미국 인구가 약 3억 5,000만 명이라고 했을 때 전체 인구의 7분의 1이 마약류를 남용한다는 이야기다. 그중 가장 많은 수를 차지하는 연령대가 10대 후반이고, 두 번째가 20대 초반, 세 번째가 10대 중반, 네 번째가 20대 중반 순이다. 이 연령대 이후로는 마약 사범 수가 확연하게 줄어든다. 우리나라 마약 사범 패턴 역시 이와 유사하게 변해가고 있다는 게 심각한 문제다.

왜 이렇게 젊은 세대의 마약류 남용이 늘어나고 있을

까? 지금과 달리 예전에는 마약을 구하기가 어려웠다. 마약을 하려 해도 어디서 어떻게 구해야 하는지 모르는 경우가 대부분이었다. 극히 소수의 사람만이 비싼 돈을 주고 힘들게 구했다. 지금은 인터넷을 통해 흔하게 매매가 이루어지며, SNS를 통하거나 택배를 이용하기도 한다. 일명 '던지기'라고 해서 특정 장소에 마약류를 갖다 놓으면 찾아가는 식이다.

젊은 세대들은 특히 인터넷을 많이 사용하고 SNS 채팅 등을 통해 다양한 정보를 주고받다 보니 아무래도 마약의 유혹에 쉽게 노출된다. 그뿐만 아니라 같은 이유로 비교적 손쉽게 마약을 손에 넣는다. 청소년이라도 5~10만 원 정도만 있으면 불법 약물뿐만 아니라 의료용 마약류까지 많은 것들을 손쉽게 구할 수 있다. 그리고 이런 손쉬운 과정은 인터넷을 타고 그들 사이에서 급속하게 전파되면서 그 수가 기하급수적으로 늘어난다.

우리 자녀가 이런 환경에 노출될 수 있다고 생각해 보라. 얼마나 끔찍한가. 지금이라도 철저하게 이를 방지할 대책을 마련하지 않는다면 누구나 이런 위험으로부터 안전하기 어렵다.

죽음을 불러오는 악마의 약물

최근 들어서는 우리가 흔히 알고 있던 마약류인 필로폰, 대마, 엑스터시, 코카인보다 의료용 마약류의 남용이 더 심각한 문제가 되고 있다. 우리나라는 예전부터 마약성 진통제에 중독된 사람들이 아주 많았는데, 한국전쟁과 베트남전쟁을 겪으면서부터 두드러지게 나타났다.

예를 들어 보훈병원 같은 곳에서 공상으로 수술과 치료를 받던 사람들이 이런 마약성 진통제에 중독되는 경우가 많았다. 처음에는 통증을 줄이기 위해 사용했으나 나중에는 통증이 아닌 중독에 의해 마약성 진통제를 찾게 된다. 심지어 병원에 무기를 들고 와 의료진을 협박하면서까지 마약성 진통제를 투여하는 사람들도 생겨날 정도였다. 이런 경우는 통계에 잡히지도 않는다.

그래서 의료용 마약류는 대개 이중으로 잠금장치가 이루어진 금고 속에 보관할 정도로 아주 철저한 관리가 필요하다. 보건소에서 의료 현장에 나와 마약류를 조사할 때는 약 알의 수를 일일이 세어가며 전체 양과 사용한 양을 모두 대조하고 확인한다. 한 알만 부족해도 마약 사범이 될 수 있다. 그래서 실수든 그 어떤 이유로든 약 한 알이 부서졌다고 해서 그냥 폐기 처분하면 안 되고 반드시 사진을 찍어 보고 해야 한다.

의료용 마약류는 중독이라는 질병을 일으키는 약물이기 때문에 철저하게 관리하지 않으면 그에 따른 폐해가 걷잡을 수 없기 때문이다. 그런데도 이런 의료용 마약류를 취급하고 처방하는 의료진 중 그 중독성을 심각하게 고려하지 않는 사람들이 있다는 게 큰 문제다. 우리가 국정감사에서도 종종 목격하듯이 의사들이 처방하는 의료용 마약류의 양이 생각 이상으로 많다.

한 병원에서 한 명의 환자에게 하루에 마약성 진통제를 150정 정도 처방했다는 사실은 아무리 이해하려고 해도 납득하기 어렵다. 일반인 한 사람이 하루에 그렇게 많은 양을 투약했다면 사망에 이를 수도 있다. 그 양을 누군가가 나누어 투약했을 수도 있고, 불법으로 유통했을 수도 있고, 의사 본인이 투약했을 수도 있다. 실제로 의사 본인이 이런 약물에 중독되어 있는 경우도 많다.

이런 폐해 때문에라도 의료용 마약류를 처방하는 의사들에게는 마약류 중독이 얼마나 무서운 질병이고, 왜 규제

해야 하는지에 대한 교육이 반드시 이루어져야 한다. 모든 약물에는 그에 따른 각각의 가이드라인이 정해져 있다. 의사들이 이 가이드라인을 충실히 지킬 수 있도록 사전에 철저한 교육이 이루어져야 한다는 생각이다.

특히 마약성 진통제의 일종인 펜타닐의 심각성이 매우 크다. 언론을 통해 미국 필라델피아의 마약 거리 혹은 좀비 거리로 불리는 켄싱턴 지역에서 펜타닐에 중독된 사람들이 좀비처럼 거리를 돌아다니고 있는 사진을 본 사람도 있을 것이다. 그들이 처음부터 그렇게 되려고 약물을 남용한 것은 아니었을 것이다. 기분이 좋아진다는 유혹에 이끌려 한 번 즐겨보려고 투약했다가 그렇게 좀비 같은 모습이 되어버린 것이다.

그런데 정작 본인들은 자기의 모습이 좀비 같다는 사실을 모른다. 약에 취해 있기 때문에 자기가 어떤 모습인지 자각하지 못한다. 더군다나 그들은 펜타닐을 아주 쉽게 구한다. 펜타닐의 원료는 주로 중국에서 만들어진다. 미국과 중국이 사이가 괜찮았을 때는 중국에서 이 원료가 불법 유출되는 것에 대해 관리하고 규제했으나 두 나라의 사이가 안 좋아진 뒤로는 그렇지 못한 것 같다. 많은 양의 원료가 멕시코로 흘러 들어간 뒤 그곳에서 불법으로 제조되고, 그렇게 제조된 펜타닐이 다시 미국으로 넘어간다. 청소년이라도 1~2달러 정도만 있으면 어렵지 않게 이 강력한 마약성 진통제를 구할 수 있다.

증상을 치료하기 위한 의료용 목적이 아니라 이렇게 즐기려는 유혹에 빠져 과량의 약물을 남용함으로써 결국 사망에까지 이르게 된 사람들의 수는 과연 얼마나 될까?《글로벌포커스》에 따르면 미국에서 펜타닐 남용으로 사망에 이른 수가 6년 동안 자그마치 21만 명이나 될 만큼 치사율이 치명적이다. 전쟁에서도 이렇게 많은 수의 사람이 사망하는 경우는 드물다. 성인은 말할 것도 없고 청소년들조차 너무 손쉽게 약물을 구하고 그 폐해가 치명적이다 보니 펜타닐을 '악마의 약물'이라고 부르기도 한다.

더군다나 환각 효과를 높이기 위해 멕시코에서 펜타닐을 제조할 때 자일라진xylazine이라는 동물용 진정제를 섞는다. 불법적인 약물인 만큼 당연히 성분명을 표기할 리 없기 때문에 사람들은 이런 약물이 섞여 있는지조차 모른 채 투약하게 된다. 자일라진이 섞인 펜타닐을 투약하는 사람들의 몸에는 주삿바늘을 꽂았던 곳마다 괴사가 일어난다. 손발이 썩어들어간 채 좀비처럼 돌아다니다가 결국 사망에 이르게 되는데, 이런 사람들이 6년간 21만 명이나 된다니 너무도 끔찍한 일이 아닐 수 없다.

옆의 그래프는 마약성 진통제를 뜻하는 오피오이드 opioid와 관련한 과다 복용 사망 현황이다. 위는 마약류를 남용하다 과량 복용해 사망한 전체 수를 나타낸 것이고, 아래는 그중에서 마약성 진통제 남용으로 사망한 사람들의 수를 나타낸 것이다. 위의 그래프를 보면 마약류 과다 복용으로 사망한 전체 환자가 2007년에는 4만 명 정도였다가 10년 뒤인 2017년에는 7만 명이 넘어서면서 거의 두 배 가깝게 늘어났다. 더 놀라운 것은 마약류 과다 복용으로 사망한 사람 중 마약성 진통제로(주로 펜타닐) 사망한 사람의 수가 2017년에는 4만 7,600명이나 된다. 한 해 동안 교통사고로 사망한 사람의 수와 총기 사고로 사망한 사람의 수를 합쳐도 이보다는 적다.

이 그래프는 미국에서 얼마나 많은 수의 사람이 마약성 약물로 인해 죽음에 이르고 있는지를 여실히 보여준다. 상황이 이쯤 되자 2017년 당시 미국의 트럼프 대통령은 공중보건 비상사태를 선언했다. 의사가 처방하는 마약성 진통

36

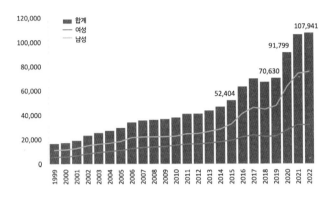

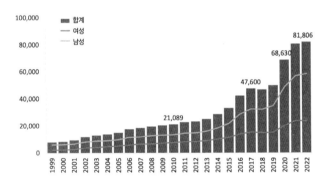

오피오이드와 관련한 과다 복용 사망 현황
(출처: 미국질병관리본부, CDC, 2023)

제를 불법으로 밀매매하는 사람들을 사형에 처하는 제도를 만들어야 한다는 내용이었다.

그래프를 보면 코로나19 시기인 2021년에는 마약성 진통제로 사망한 사람의 수가 8만 명이 넘고, 2022년에는 10만 명이 넘는다. 이 정도면 심각한 재난 수준이라고 말할 수 있다.

약물 오남용과 중독의 굴레

|

우리나라에서도 젊은 세대 사이에서 마약성 약물이 유행하고 있다는 것은 참으로 우려스럽고 두렵기까지 한 일이다. 펜타닐 같은 강력한 마약뿐만 아니라 우리 사회에서 일반적으로 많이 복용하고 있는 다이어트용 약물 역시 그 폐해가 상상 이상이다.

요즘 병원에서 다이어트 치료가 많이 이루어지고 있는데 이때 처방하는 약의 대부분이 향정신성의약품인 각성제다. 각성제는 뇌를 자극하기 때문에 잠이 오지 않고 배고픔이나 피로감을 덜 느끼는 효과가 있다. 그래서 다이어트 초기에, 그리고 체질량 지수BMI가 30 이상인 비만 환자한테만 쓰도록 가이드라인이 정해져 있다.

그런데 실제로 현장에서는 비쩍 마른 사람에게도 다이어트약 처방이 이루어지고 있다. 이런 무분별한 처방이 문제다. 각성제는 마약류인 만큼 중독될 수밖에 없다. 반복해서 복용하다 보면 내성이 생기고 투여하는 양이 늘어나게 된다. 투약을 중단하면 금단 증세가 나타나고, 더 살이 찌는 요요 현상도 나타난다. 그러면 다시 약을 과다 복용하게 되고, 약을 과다 복용하면 각성 효과로 잠이 오지 않게 되고, 잠을 못 자는 시간이 많아지면 수면제를 복용하게 되는 악순환의 늪에 빠진다.

실제로 40대의 한 여성은 평균 몸무게를 가지고 있었으나 친구의 권유에 호기심이 생기기도 하고 좀 더 살을 빼고 싶다는 생각에 내과에서 다이어트약을 처방받았다. 그 이후 이 여성은 15년간 이와 같은 약물 중독에서 벗어나지 못했다. 병원에서 의사로부터 정식으로 처방받은 약이라고 해도 다이어트약이나 진통제, 항불안제, 수면제 등은 중독성 물질이기 때문에 오남용을 엄격하게 관리하지 않으면 안 된다.

이런 오남용을 막기 위해 식품의약품안전처(식약처)에서는 마약류 통합 관리 시스템NIMS, Narcotics Information Management System을 만들었다. 2010년 12월부터 우리나라에서는 의약품 안전 사용 서비스DUR, Drug Utilization Review를 실시해 왔다. 의사와 약사가 약을 처방하고 조제할 때 함께 먹으면 안 되는 약이나 어린이와 임신부가 먹으면 안 되는 약과 같은 의약품 정보를 실시간으로 제공해 부적절한 약물 사용을 사전에 점검하고 예방하는 시스템이다. 우리나라에서 의료 보험으로 청구하는 항목은 모두 이 시스템에 의해 등록된다. 그래서 마약류는 여러 곳에서 처방받으면 그 기록이 전산에 뜨기 때문에 중복 처방을 예방할 수 있다. 다시 말해 일정량 이상을 처방받을 수 없다는 뜻이다.

그런데 문제는 대부분 보험을 통하지 않고 비급여로 약물을 처방받는다는 것이다. 비급여로 처방받으면 의약품 안전 사용 서비스에 등록되지 않기 때문에 누가 얼마큼의 양을 처방받고, 투약했는지 알 수가 없다.

그런 문제점을 철저하게 보완하기 위해 우리나라 식약처에서는 2018년 5월부터 마약류 통합 관리 시스템을 만들어 시행하고 있다. 이 시스템은 한국에 존재하는 모든 약국,

의료기관, 제조업자, 수출입업자 등 의료용 마약류의 취급자 또는 마약류 취급 승인자가 수출입, 제조, 판매, 양수, 양도, 구입, 사용, 폐기, 조제, 투약하거나 투약하기 위해 제공할 경우, 또는 학술연구를 위해 사용한 마약 또는 향정신성 의약품의 취급 정보에 관한 사항을 식약처에 의무적으로 보고하는 제도다.

이 제도를 시행한 이후 처방한 의사와 투약한 환자의 정보를 낱낱이 확인할 수 있고 이를 통해 과다 처방한 의사나 과다 투약한 환자를 가려낼 수 있게 되었다. 그 결과 프로포폴, 졸피뎀zolpidem 등의 오남용 문제를 일으킨 의사 219명에게 처방 금지 명령이 내려지기도 했다.

2023년 한 유명 연예인이 프로포폴로 검거되는 사건이 있었는데 이 역시 마약류 통합 관리 시스템을 통해 과다 투여자들을 걸러내면서 드러난 사건이다. 또 한 여성이 자신이 일하는 약국에서 졸피뎀을 훔쳐 복용한 사건도 있었다. 불면증이 있으면 병원에 가서 정식으로 약을 처방받으면 될 텐데, 왜 약을 훔쳤을까? 이는 그 여성이 이미 졸피뎀에 중독되어 있다는 것을 의미한다. 내성이 생겨 점점 더 많은 양의 약이 필요했을 테고, 정식으로 처방받은 약으로는 양에 차지 않아 급기야 자신이 일하는 약국에서 약을 훔치게 되었을 것이다.

몇 년 전 우리나라 유명 가수가 두 차례나 서울 시내의 한 건물 화장실에서 에토미데이트etomidate라는 약물을 투약한 채 발견된 적이 있다. 에토미데이트는 프로포폴과 비슷한 작용을 하는 마취 유도 약물이다. 강남의 한 병원장이 환자들에게 에토미데이트를 투약한 뒤 성폭행을 일삼은 파렴치한 사건도 있었다.

특히 젊은 세대 사이에서 이런 마약류 약물이 마치 유행처럼 번지고 있는데, 손쉽게 구할 수 있다는 점이 가장 큰 이유가 아닐까 싶다. 앞서 말했듯 인터넷을 많이 사용하는 세대인 만큼 SNS로 연락을 주고받으며 대포통장이나 가상화폐로 돈을 입금하면 물건을 택배로 받기도 하고 던지기 수법을 통해 손에 넣기도 한다.

언론을 통해서도 잘 알려진 것처럼 던지기 수법 등의 마약 배달에 가담한 사람들의 대부분이 10대 청소년이다. 그들은 쉴 새 없이 마약을 배달하며 그 나이에 만져볼 수 없는 큰 액수의 돈을 벌어들인다. 마약을 유통한 마약 사범 29명이 검거된 적이 있는데 그중에는 10대 네 명으로 구성된 중간 조직도 포함되어 있었을 정도다.

그런데 우리가 알 수 있는 것은 통계를 통해 드러난 마약 사범의 전체 수다. 우리가 더 심각하게 생각해 봐야 할 문제는 통계에 잡히지 않은 더 많은 수의 10대 청소년들이 음성적인 루트를 통해 마약에 연루되어 있을 것이라는 사실이다.

3장

마약은 어떻게 분류되는가

자극하거나 마비시키거나

중독성 물질은 크게 두 가지로 나뉜다. 하나는 중추신경 자극제CNS Stimulants이고, 다른 하나는 중추신경 억제제 CNS Depressants다. 먼저 중추신경 자극제는 뇌를 자극해 새로움에 대한 호기심을 증폭시키는 특징이 있다. '자극 추구 novelty seeking'라고 해서 자극적이고 새로운 것에 대한 호기심이 많은 사람들이 주로 남용하는 약물이다. 필로폰(메스암페타민), 코카인, 엑스터시, 다이어트약으로 처방되는 각성제(펜터민, 디에타민), 카페인, 니코틴 등이 여기에 해당한다.

흔히 나타나는 증상으로는 뇌를 자극하다 보니 이로 인해 잠이 오지 않고 식욕이 감소하며 포만감이 증가해 다이어트 초기에 처방하기도 한다. 피로감이 줄어들고 집중력이 증가하며, 무언가를 반복해도 지루함을 느끼지 못하고 시간이 빨리 지나간다고 느낀다. 눈동자가 확대되고 의심이 많아지고 예민해지며 심한 경우에는 급성 정신병으로 진행되기 때문에 충동적으로 살인이나 폭력을 행사하는 심각한 범죄로까지 이어진다. 내가 일하고 있는 법무부 병원에서는 각성제 중독으로 정신병이 발병해 살인을 하는 등 범죄를 일으킨 많은 사람들이 치료받고 있다. 금단 증상으로는 신체적 고통보다 쉽게 피곤하고 잠이 쏟아지며 식욕이 증가하고 우울증이 심해지는 등의 정신적 고통이 따른다.

중추신경 억제제는 중추신경 자극제와 반대로 뇌를 마비시키는 작용을 한다. 대표적인 물질이 알코올이며, 모르핀, 헤로인, 펜타닐 등 진통제와 마취제, 수면제, 진정제가 여기에 속한다. '위험 회피harm avoidance'라고 해서 불편하고 힘든 것을 회피하고 싶은 성향이 강한 사람들이 남용하는 경우가 많다. 뇌가 마비되므로 졸린 증상이 나타나 수면제로 사용된다. 또한 통증이 마비되므로 진통제로 사용하고,

불안이 마비되는 진정 효과가 있어 항불안제로 사용하며, 마취제 등으로도 사용한다. 과량 복용하면 연수(뇌의 가운데 존재하는 생명중추)가 마비되어 사망에 이른다. 흔히 나타나는 증상으로는 눈동자 축소, 뇌를 억제하고 마비시킴으로써 그에 따른 졸음과 식욕 증가, 마치 술에 취한 듯 현실을 잊고 축 늘어지는 경향이 있다.

금단 증상으로는 신체 통증이 심해지고 콧물, 재채기, 변비, 설사, 복통이 있다. 간질 발작이 나타나기도 하고 불면과 불안, 섬망, 환각 등의 증상이 나타난다. 약물을 갑자기 끊으면 고통이 심해지고 여러 가지 부작용이 동반되기 때문에 외국의 경우에는 메타돈과 같은 합성 마약으로 대체해 서서히 끊어가는 방식으로 치료하기도 한다.

불법이거나 의료용이거나

|

중독성 물질은 불법 마약류와 의료용 마약류로 구분할 수 있다. 불법이건 의료용이건 마약류라는 것은 같다. 다 같은 중독성 물질이기 때문이다. 강한 마약이냐 약한 마약이냐

도 의미가 없다. 한 번이라도 그 맛을 느끼면 다시 하고 싶어지고 반복하기 때문에 중독이 되는 것이다. 가령 대마를 우습게 생각하는 사람들이 많다. 담배보다도 중독성이 덜하다거나 외국에는 대마가 합법화되어 있다는 식으로 가볍게 생각하기 때문에 쉽게 접근할 수 있어서다.

그런데 어떻게 보면 대마가 가장 무서운 마약류다. 대마를 남용하다 보면 더 자연스럽게 다른 불법 마약류로 넘어가게 된다. 의료용 마약류 또한 불법 마약류 못지않게 중독성이 강한 약물이다. 다만 치료를 위해 필요한 약물이기 때문에 의료용으로 처방하는 것이다. 의사가 처방하니까 안전하지 않을까 하는 생각으로 쉽게 접근할 수 있어서 오히려 불법 마약류보다 더 무서울 수 있다.

마약류 관리에 관한 법률

|

법적으로 마약류는 크게 마약, 향정신성의약품, 대마, 이렇게 세 가지로 나뉜다. 그중 마약은 다시 천연 마약과 합성 마약으로 나뉘고, 천연 마약은 다시 아편계와 코카인계로

나뉜다. 마약은 양귀비 및 양귀비에서 유래된 물질과 코카인 및 코카인에서 유래된 물질을 말한다. 또한 양귀비에서 추출되는 물질과 유사한 화학물질을 합성해 진통이나 진정 목적으로 합성하는 물질 혹은 약품을 말한다.

그중 아편은 설익은 양귀비의 열매에 상처를 내 흘러내리는 추출액을 건조한 것으로, 그 암갈색 덩어리 자체를 생아편이라고 부른다. 모르핀은 아편의 불순물을 제거하고 화학반응으로 약효성분을 추출한 진통 목적의 알칼로이드다. 코데인은 '메틸 모르핀'이라고도 불리는데, 진해 및 진정 작용을 목적으로 사용하는 의약품이다. 헤로인은 생아편에 화학물질을 첨가해 약효를 증가시킨 물질로 일반적으로 분말 형태로 존재한다. 천연 마약인 모르핀과 유사한 진통 효과를 내기 위해 화학적으로 합성된 의약품은 구조적 유사성에 따라 페티딘pethidine, 메타돈methadone, 모르피난morphinane, 아미노부텐aminobuten, 벤조모르판benzomorphan 등으로 분류된다.

코카인은 남미 안데스산맥 고지대에서 자생하는 코카나무 잎에서 추출한 알칼로이드로 중추신경을 자극해 쾌감을 야기하는 천연 마약이다. 일부 사람들은 코카잎을 씹거나 페이스트 형태로 흡연하기도 하지만, 대부분의 남용자는 수정체 분말을 코로 들이마시거나 주사기로 투약한다. 또한 크랙crack은 코카인과 탄산나트륨을 물에 희석해 추출한 결정체로 약효가 코카인보다 훨씬 높은 물질이다.

최근 유행하는 펜타닐은 합성 마약에 속한다. 펜타닐에 중독된 사람들이 좀비처럼 마비되어 길거리에 있는 영상들을 쉽게 볼 수 있는데, 펜타닐은 중추신경 억제제로 운동중추가 마비되어 팔다리를 마음대로 움직이지 못한 상태가 되며, 심하면 호흡중추가 마비되어 사망에 이른다. 펜타닐의 원료는 대부분 중국에서 멕시코로 넘어가며 멕시코 마약상들은 싼 가격으로 미국에 불법적인 펜타닐을 공급한다. 청소년들도 1~2달러만 있으면 불법 펜타닐을 쉽게 구할 수 있다. 앞에서도 말했듯이 환각 효과를 높이기 위해 자일라진이라는 동물성 진정제를 섞는데, 이를 모른 채 투여한 사람들은 팔다리가 썩게 된다.

펜타닐은 오피오이드계 마약성 진통제로 모르핀보다 100배나 강하고 불법 마약인 헤로인보다 50배 이상 강한 마약이다. 말기 암 환자처럼 통증이 심해 다른 진통제로는 소용이 없을 때 마지막으로 사용하는 강력한 진통제로

2mg만 투여해도 사망하는 약물이다. 말기 암 환자나 통증이 너무 심한 환자에게는 없어서는 안 될 소중한 약물이지만 이런 위험한 약물을 즐기려는 목적으로 남용하다가 사망하는 사람들이 급격히 증가하고 있다. 2022년에는 11만 명이 약물 과다 복용으로 사망했는데, 대부분이 펜타닐이었다고 한다. 이는 이라크와 아프가니스탄 전사자의 열 배가 넘는 수로, 전세계적으로 펜타닐 공포를 야기하고 있다.

미국에서는 펜타닐 중독으로 의식을 잃은 사람들을 구하기 위해 마트에서도 해독제인 날록손 스프레이(나르칸 narcan)를 팔고 있으며, 심지어 자판기까지 운영하고 있다. 길거리에 쓰러져 의식이 없는 사람을 보면 눈동자를 확인해 눈동자가 축소되어 있으면 펜타닐 중독으로 보고 질식을 방지하기 위해 옆으로 눕힌 다음 날록손 스프레이를 코에 뿌린 뒤 911에 연락하도록 교육하고 있다. 경찰관이나 소방관의 필수품이기도 하다.

우리나라에서도 2021년에 창원에서 고등학생 42명이 펜타닐 패치를 불법적으로 구입해 남용하다 검거된 사건이 있었고, 여성가족부에서는 청소년 10명 중 1명은 마약성 진통제인 펜타닐 패치를 사용한 경험이 있다고 보고했다. 안

구분	종류		특성	작용
천연마약	아편계	양귀비	-키 1~1.5m의 식물 -백색, 적색, 자색 꽃	
		아편	-설익은 꽃봉오리에 생채기를 내 우윳빛 즙을 담아두면 암갈색으로 타르화(생아편) -응고하면 딱딱한 왁스형 -달콤하고 톡 쏘는 향, 건초 향	-고통 완화, 졸린 듯한 상태에서 편안하고 황홀 -의존적, 내성, 변비, 얼굴 창백, 신경질적, 식욕·성욕 상실, 구토, 동공 수축, 호흡장애
		모르핀	-아편으로 모르핀 제조, 무취, 쓴맛 -제형: 분말, 캡슐, 주사	-의약용으로 사용 -진통 강력, 도취, 수면 -아편보다 강한 중독성, 호흡 억제, 구토, 발한, 변비
		헤로인	-모르핀 양 1/2로 동일 효과 -백색, 황백색, 회색, 연갈색 미세 결정 -무취, 쓴맛, 모르핀에 무수초산을 가해 제조	-쾌감 쇄도 후 졸음, 도취 -모르핀보다 강한 중독성, 변비, 동공 수축, 호흡 감소, 무감각, 내분비 계통 퇴화, 자아 통제 불능
		코데인	-모르핀으로부터 분리 -제형: 주사, 캡슐, 정제	-의약용으로 사용 -진통 및 진해 특효
	코카계	코카인	-코카엽에서 추출 -솜털 같은 백색 결정 분말 -코로 분말 흡입, 주사 혹은 구강 투여	-효과 신속, 대뇌 흥분, 동공 확장, 심박 증가, 심장장애, 호흡곤란, 경련, 공격적 행동, 과대망상, 정신 착란
		크랙	-코카인에 베이킹 소다, 물 넣고 가열해 제조 -자갈 모양의 결정체 -워터 파이프로 흡연	-효과 신속하고 강력, 황홀 -코카인보다 중독 위험 심각 -비용은 코카인보다 저렴 -부작용은 코카인과 유사
합성마약	페티딘계		-정제, 패치형	-아편계 중독 치료제로도 사용 -졸리고 호흡 감소, 경련
	메타돈계		-주사, 정제, 캡슐 -24시간 장기 지속	-아편계 중독 치료제로도 사용

마약 분류

타깝게도 우리나라에서도 청소년을 중심으로 급격히 확산하는 양상이다.

향정신성의약품은 의료용 목적으로 합성된 물질이다. 다만 개발 목적이었던 효과보다 습관성 물질로서의 부작용이 심각해 의료용 사용을 금지하거나 일부 제한을 두는 약품이다. 이는 마약류관리에관한법률 제2조 3항에 따라 가, 나, 다, 라 등의 네 가지 목으로 구분된다.

가목에는 오남용의 우려가 심하고 의료용으로 쓰지 않으며 안전성이 결여된 것으로, 이를 오용하거나 남용하면 심한 신체적 또는 정신적 의존성을 일으키는 약물이나 이를 함유하는 물질들이 포함되며, LSD가 대표적인 불법 약물이다.

나목에는 오용하거나 남용할 우려가 심하고 매우 제한된 의료용으로만 쓰이는 것으로서 이를 오용하거나 남용하면 심한 신체적 또는 정신적 의존성을 일으키는 약물 또는 이를 함유하는 물질들로 암페타민류가 포함되며, 우리나라에서는 대개 불법이다.

다목은 가목이나 나목에 규정된 것보다 오용하거나 남용할 우려가 상대적으로 적고 의료용으로 주로 사용되는

분류	대표 품명	지정 성분 수	비고
가목	LSD, 메스케치논 및 그 유사체, 크라톰, JWH-018 및 그 유사체 등	83	의료용 불사용, 심한 신체적 또는 정신적 의존성을 일으키는 약물
나목	암페타민, 메트암페타민, MDMA, 케타민 등	41	매우 제한된 의료용 사용, 심한 신체적 또는 정신적 의존성을 일으키는 약물
다목	바르비탈, 리저직산 아미드, 펜타조신 등	61	의료용 사용, 그리 심하지 아니한 신체적 의존성 또는 심한 정신적 의존성을 일으키는 약물
라목	디아제팜, 펜플루라민, 졸피뎀, GHB, 카리소프로돌, 프로포폴 등	70	의료용 사용, 다목보다 신체적 또는 정신적 의존성을 일으킬 우려가 적은 약물

향정신성의약품 법적 분류

약물로 이루어져 있다. 바비튜레이트와 유명한 데이트 강간약으로 알려진 로히프놀(플루니트라제팜)이라는 강력한 수면제가 여기에 포함된다.

라목은 다목에 규정된 것보다 오남용의 우려가 적고 의존성을 일으킬 우려가 적은 물질이나 이를 함유하는 물질들로 대개가 신경안정제나 수면제, 마취제로 사용되는 약물들이다. 다이어트약으로 처방되는 펜터민(나비약), 마취제인 프로포폴, 진해거담제인 덱스트로메토르판(러미라)이 여기에 포함되며, 불법적인 약물로는 카트와 GHB(물뽕) 등이다.

우리나라에서 가장 많이 남용되는 향정신성의약품은 메스암페타민methamphetamine으로 중추신경을 자극해 각성시키는 대표적인 향정신성의약품이다. 보통 '히로뽕'으로 알려져 있으며 이는 필로폰에서 유래되었다. '백색가루', '술', '뽕', '크리스탈', '물건' 등의 은어로 불린다. 미국에서는 결정체는 'ice', 가루 형태는 'speed'로 불리며, 중국에서는 '빙두', 북한에서는 '얼음', 일본에서는 '각성제', 필리핀에서는 '사부', 대만에서는 '아미타민' 등으로 불린다.

메스암페타민은 일본 도쿄대학 의학부 나가이 나가요시 교수가 1893년에 최초로 합성에 성공했고, 잠을 쫓고 피로감을 없애주고 배고픔을 느끼지 못하는 각성제로 대일본제약회사에서 제2차 세계대전 중에 군인과 군수공장 노동자들에게 피로 회복과 전투 의욕, 작업 능력, 생산 능력 등을 높이기 위해 사용했다. 가미가제특공대가 이 약을 복용하고 자폭을 시행한 것이다. 제2차 세계대전 이후에는 학생들과 트럭 운전기사들 사이에서 잠을 쫓기 위해 사용되다가 의존성이 심해 금지되었다.

일본에서 금지되자 우리나라에서 밀제조되어 부산을 통해 일본으로 밀수출되었으며, 일본에서 밀수출을 강력하게 단속하자 일본으로 들어가지 못한 필로폰이 국내에 확산하기 시작했다. 당시에는 부산 지역을 중심으로 필로폰 중독자들이 많이 생겨났으며, 필로폰을 제조할 때 강한 냄새 등으로 쉽게 단속되자 제조자들이 대거 중국으로 넘어가 중국에서 주로 밀제조되어 우리나라로 밀수입이 되고 있다. 최근에는 북한산 필로폰이 중국을 통하거나 탈북자들을 통해 국내에 유통되는 양상을 보인다.

메스암페타민은 뇌의 보상 회로에 일시적으로 도파민을 과량 증가시켜 자극적인 기분을 느끼게 만든다. 뇌를 자극하는 각성제이기 때문에 잠이 오지 않으며 피로감이 줄어들고 같은 일을 반복해도 지루함을 잘 느끼지 못해 섹스에 몰두하거나 운전만 한다거나 음악만 듣는다거나 포르노만 본다거나 심지어 깰 때까지 청소만 하는 등의 행동을 보이며, 이를 소위 '꽂힌다'고 표현한다.

그러나 내성으로 인해 점차 양이 많아지면 뇌의 다른 부위에도 도파민이 과다해져서 정신질환을 야기한다. 처음에는 의심이 생기고 누군가가 자기를 모함하거나 험담한다고 느낀다. 점차 진행되면 누군가가 자신을 해치고 죽이기 위해 미행하거나 쫓아다닌다는 피해망상과 관계망상으로 발전하며, 심하면 환청까지 들려 도망을 다니다가 더 이상 도망갈 곳이 없다고 생각되면 자신을 구해달라며 제정신이 아닌 상태로 경찰서에 뛰어 들어가기도 한다.

이를 소위 '쭈라'나 '상태'가 왔다는 식으로 표현하며, 경상도 지방에서는 '따라꾸미'라고 표현한다. 이런 경우는 자수로 인정되지 않는 경향이 있다. 이는 조현병과 비슷한 정신병적 증상으로 이런 증상에 사로잡혀 현실판단력을 상실하고 살인 사건 등 많은 범죄를 저지르게 된다.

내가 치료감호소에서 처음 접한 살인 사건은 40대 남성이 필로폰에 중독되어 정신병이 발생한 사건이다. 병세가 심해지자 6개월 된 딸이 자기에게 욕을 하는 환청이 들렸다. 부인이 도피하느라 아이를 업고 집을 나오자 괘씸하다는 생각이 들어 쫓아가 길거리에서 업혀 있던 딸을 포대기에서 꺼내 아스팔트 바닥에 두 번이나 팽개쳤고 아이는 즉사했다. 아버지가 자식을 죽였다고 난리가 났으나 남자는 이해하지 못하고 "왜 인형을 내 딸이라고 하느냐"고 항변했고 이를 증명하기 위해 죽은 딸의 종아리를 물어뜯었다. 결국 심한 정신병적 상태에서 책임질 능력이 없는 심신상실의 상태로 판단되어 법원에서 치료감호를 선고받았다.

또 다른 사례는 필로폰으로 인한 급성 정신병으로 사랑하는 부인의 머릿속에 악마가 들어 있다는 환상을 보게 된 남자다. 부인을 구하기 위해 악마를 때려잡는다고 부인의 머리를 둔기로 내리쳐 부인이 사망에 이르렀다. 쓰러져 있는 부인의 머리에서 악마가 나오지 않자 이를 끄집어낸다고 손가락으로 골을 파헤치는 끔찍한 일을 저질렀다. 자신은 사랑하는 부인을 구한다고 한 행동이지만 결국은 처참하게 부인을 살해한 것이니 이 얼마나 끔찍한 일인가. 필로폰이 정신병을 야기해 부인을 살해할 줄은 꿈에도 생각하지 못했을 것이다. 죽을 때까지 어떻게 이 끔찍한 일을 잊을 수 있겠는가.

대부분 처음에는 의심병으로 시작해서 지속될수록 증상이 심해진다. 치료를 받던 한 젊은 청년은 필로폰을 남용하면서 의심병이 시작되었다. 누군가가 자신을 죽이려고 미행한다며 나에게 도움을 청했다. 진료 중에도 창밖으로 지나가는 자동차들을 보면서 누군가가 아침부터 계속해서 자신을 죽이려고 미행하고 있다고 주장했다. 치료를 받고 어느 정도 안정이 되자 '내가 왜 그런 엉뚱한 생각을 했지?'라며 현실감을 찾았다. 그러나 재발하면서 그런 증상들이 다시 나타났는데, 재발이 거듭될수록 점차 증상이 심해지고 오래도록 지속되는 경향이 있다.

한 중년 남성은 필로폰 남용으로 2년간 교도소에서 복역한 후 출소하자마자 약을 끊기 위해 진료를 받으러 왔다. 자동차로 1시간도 안 되는 거리인데 5시간이나 걸렸다. 피해망상과 관계망상, 환청으로 인해 누군가가 자신을 해치려고 미행을 해서 이를 따돌린다고 몇 시간이나 길거리를 헤매다 온 것이다. 교도소에서 2년간 복역하며 약을 할 수도 없었고 출소하자마자 진료를 받으러 왔으니 약을 안 한 지 2년이 넘었지만, 그동안 치료를 받지 못해 증상이 지속된 것이다. 이후 2년간 치료를 통해 증상이 완화되기는 했으나 완전히 해소되지는 않았다. 오랫동안 반복하다 보면 증상이 고정되는 경향이 있다.

엑스터시는 MDMAMethylene Dioxy Meth Amphetamine로 필로폰과 같은 암페타민 계열의 각성제다. 심장박동이 빨라지고 몽롱해지며, 술과 함께 복용하면 의식을 잃어 소위 데이트 강간 약으로 남용되기도 한다. 흥분 작용과 함께 경계심을 없애주기 때문에 처음 만난 사람들도 친숙하게 느껴져 댄스파티나 클럽드럭 혹은 파티드럭으로 남용된다.

피로감이나 지루함을 잘 느끼지 못하며, 시간관념이 없어져 잠깐 춤을 춘 것처럼 느끼지만 실제로는 몇 시간씩 춤을 추고 있기도 하다. 그래서 별명이 '도리도리'라고 한다. 이 때문에 탈진하기도 하고 클럽에서는 탈수를 예방하기 위한 음료를 비싸게 팔기도 한다. 엑스터시는 알약으로 만들어지며 만드는 사람의 의도에 따라 각종 마약류를 첨가하는데 투약하는 사람들은 그 성분을 모르기 때문에 강한 마약이 들어간 줄 모르고 과량 복용하다 사망하기도 한다.

우리나라에서 비만 치료제로 처방되는 약물 가운데 펜타민phentermine, 펜디메트라진phendimetrazine, 디에틸프로피온diethylpropion, 마진돌mazindol, 로카세린lorcaserin(2020년 판매중지 및 회수·폐기되었다.)은 모두 각성제로 중독성 있는 향정신성의약품으로 분류된다. 이 말의 의미는 절대 함부로 투약해서는 안 된다는 뜻이다. 의료용으로 처방하니까 자칫 남용해도 괜찮을 거라고 쉽게 생각하는데 절대 그렇지 않다. 각성제는 뇌를 깨우기 때문에 배고픔을 덜 느껴 다이어트 초기 3개월 이내에 한 가지 약물로 처방이 가능하며, 체질량 지수가 30 이상인 사람에게 처방하도록 하고 있으나 잘 지켜지지 않고 있다. 비만이 아닌 사람뿐만 아니라 청소년들도 쉽게 처방받을 수 있어 문제가 심각하다. 각성제는 내성이 생기므로 점차 양이 많아지게 되고 그러면 또 잠이 오지 않아 수면제를 처방받게 되면서 수면제에 의존하는 악순환을 거치게 된다.

대마는 크게 천연 대마와 대마 성분 의약품으로 나뉜다. 대마는 카나비스cannabis 속 일년생 식물로 중국, 인도, 아프리카, 중남미 등 광범위한 지역에서 섬유 원료나 두통 등의 치료 약물로 오래전부터 재배해 왔다.

대마는 잎, 줄기, 꽃대, 씨앗 등 다양한 부분을 목적에 따라 달리 사용하는데, 줄기는 삼베나 그물을 짜는 원료로 쓰이고, 열매는 향신료나 한방 약재로, 종자는 조미료용이나 채유용으로, 잎과 꽃은 흡연용으로 사용되었다. 대마의 주요성분은 THCTetra Hydro Cannabinol다.

THC는 중추신경 억제제로 정신신경계에 다양한 영향을 미치는 정신 활성 물질로 흡연 시 도취와 환각 상태에 이르며 공감각synesthesia을 유발하며 '소리를 보고, 빛을 듣는다'는 감각의 변화를 야기해 음악이나 예술 분야에 종사하는 사람들이 많이 남용한다.

대마초는 대마의 잎과 꽃대 윗부분을 건조해 연초 형태로 만든 것을 말하며, 재배삼의 암그루 꽃의 이삭과 잎에서 얻은 것을 간자ganja, 야생 삼에서 얻은 것을 마리화나

종류		특성	작용
천연 대마	대마초	-연녹색, 황색, 갈색의 잎 -THC 성분이 도취 및 환각 유발	-흥분과 억제 두 가지 작용 -초조, 만족감, 이완, 꿈꾸는 느낌, 공복감 -변비, 환각, 심박 증가, 공포, 집중력 상실, 자아 상실감, 플래시백(중단 후 환각 재현)
	대마 수지 (해시시)	-대마초 30kg으로 해시시 1kg 제조 -갈색 혹은 흑색 수지 -THC 2~10% 함유	
	대마 오일 (해시시 오일)	-해시시 3~6kg으로 해시시 오일 1kg 제조 -암녹색 혹은 흑색 오일 형태 -THC 10~30% 함유	
합성 마약	Marinol®	성분: Dronabinol	적응증: 식욕부진을 겪는 에이즈 환자, 항암 치료 후 구역 및 구토 증상
	Cesamet® Canemes®	성분: Nabilone	적응증: 항암 치료 후 구역 및 구토 증상
	Sativex®	성분: THC, CBD	적응증: 다발성경화증 환자의 경련 완화제
	Epidiolex®	성분: CBD	드라벳 증후군(영아기 중근 근간 대성 간질), 레녹스가스토증후군(소아기 간질성 뇌병증)

대마 분류

marijuana 또는 브항bhang이라고 부른다. 마리화나는 포루투 갈어로 취하게 만드는 것이라는 뜻의 'mariguago'에서 유래했다. 이 대마초를 건조 후 압착해 수지 형태로 만든 것이 해시시hashish로 1kg의 해시시를 얻기 위해서는 약 30kg의 대마초가 필요하며, THC 함유량이 10%로 대마초보다 8~10배 강하며, 또한 오일 형태로 추출된 해시시 오일은 반복적인 농축 과정을 거치면서 대마의 중독 물질인 THC 함량이 20%까지 더 높아진다.

최근 니코틴 용액 카트리지를 충전해 전자담배를 흡연하는 것과 유사하게 대마 추출액 카트리지를 사용하는 전자대마초가 등장해 우려를 낳고 있다. 우리나라에도 정식으로 대마 약이 들어오는데 에피디올렉스epidiolex라고 해서 아이들 간질 치료제로 쓰인다. 흔히 대마라고 하면 무조건 환각 작용이 있을 거라고 생각하지만 이 약은 그런 중독성이 없다. 칸나비디올CBD, Cannabidiol이라고 해서 환각 효과가 없는 성분을 추출해 만든 약이다. 하지만 미국이나 다른 나라에서는 의료용 대마를 합법화해 팔고 있는데 이런 약물에는 환각 효과가 높은 THC가 섞여 있는 게 많아 매우 위험하다. 우리나라에는 이 THC 성분이 포함되어 있는 약품을 들여올 수 없다.

마약류는 아니지만 톨루엔, 초산에틸, 메틸알코올, 시너, 접착제, 풍선류, 도료, 부탄가스, 아산화질소 등 환각 효과가 있어 의존성이 높은 물질들을 흡입할 경우 그동안은 '유해화학물질 관리에 관한 법률'로 규제했다. 그러나 2015년부터는 '환각물질'을 '흥분·환각 또는 마취의 작용을 일으키는 화학물질로서 대통령령으로 정하는 물질'로 정의하고 '화학물질 관리법'으로 개정해 시행 중이다. 소위 '해피벌룬' 또는 '웃음가스(실제로 웃음이 나오는 게 아니라 안면 근육이 마비되기 때문에 웃는 모습으로 보이는 현상)'로 불리는 마취제인 아산화질소를 풍선에 주입해 클럽 등에서 불법적으로 판매해 이 역시 환각물질에 포함되었다.

유해 물질 오남용에 해당하는 화학물질은 주로 기체 형태로, 흡입제inhalants라고도 불린다. 흡입제는 휘발성 용매로 산업적인 목적으로 만들어진 화학물질이며 본래의 용도와는 다르게 흡입했을 때 환각 작용과 같은 정신과적 증후군을 일으킬 수 있는 물질이다. 구체적인 예로는 탄화수소류로서 본드로 사용되는 아교, 페인트시너, 메니큐어 제거제, 드라이클리닝 용매, 톨루엔, 담배 라이터액, 가솔린, 아세톤, 나프탈렌옥산, 벤젠, 에테르, 클로로포름 등이고 비탄화수소류로는 에어로졸 스프레이, 질산아밀, 마취제인 아산화질소 등이 포함된다.

우리나라에서는 1980년대부터는 대표적인 환각물질로 유행하면서 사회 문제로 떠올랐다. 최근에는 먼지떨이 스프레이로 사용되는 LPG 가스를 흡입하는 것이 청소년 사이에서 유행처럼 퍼지고 있어 우려스럽다. 흡입제는 값이 싸고 손쉽게 구할 수 있다는 점에서 청소년이나 빈곤층이 많이 남용하고 있다.

4장
마약류 정책의 모든 것

운송차단 정책

우리나라의 마약류 정책은 크게 두 가지로 나눌 수 있다. 하나는 운송차단 정책이고, 다른 하나는 수요감소 정책이다. 운송차단 정책은 쉽게 말해 마약류의 제조와 판매(밀매)를 차단하는 것이다. 이는 유엔의 권고사항이기도 하며, 주요 내용은 공급 사범에 대한 강력한 법 집행과 형사 소송의 강화다. 공급 사범에 대한 강력한 법 집행이란 마약 거래 수익을 무차별적으로 박탈하고, 마약 조직의 자금줄을 차단해 존립 기반을 제거하는 것이다.

예를 들어 대포 통장을 이용해 중국으로 1,000만 원을 보내면 그에 해당하는 양의 필로폰이 택배로 온다. 가령 100g의 필로폰이 왔다고 해보자. 이는 3,000회를 투여할 수 있는 양이다. 1회에 10만 원씩만 받고 팔아도 순식간에 3억 원이라는 돈을 벌게 되는 것이다. 1,000만 원이라는 돈을 투자해 최소 3억에서 많게는 30억 원까지 벌 수 있다는 이 달콤한 유혹에 현혹되어 불법이라는 것을 알면서도 많은 사람이 마약 판매에 뛰어든다.

그런데 판매 사범들이 1,000만 원을 들여 약을 구했다 하더라도 처벌할 때는 예상 수익 전체를 몰수하도록 하고 있다. 예를 들어 3억 원의 예상 가치가 있다면 3억 원을 모두 몰수해 다시는 재기하지 못하도록 하려는 것이다. 마약류 범죄의 원흉이기 때문이다. 오죽하면 중국이나 필리핀에서는 이런 판매 사범들을 사형에 처하겠는가. 한 명의 공급자로 인해 수많은 사람이 마약에 중독되고 그 가정이 파괴되는 것은 물론이며 국가의 존립마저 위태로워지기 때문이다.

우리나라도 더 강력하게 처벌하기 위한 정책이 시행되고 있는데 바로 형사 소송의 강화다. 이들을 상대로는 묵비권, 자기부죄거부권, 변호인선임권을 박탈하며, 무죄 추정의 원리에서도 예외하고 무죄를 입증하는 책임 또한 본인에게 전가한다. 보통 형사 소송 때는 미란다 원칙이 적용된다. 영화나 드라마에서 흔히 보듯이 피의자를 체포하거나 심문하기 전에 '당신은 묵비권을 행사할 권리가 있고 변호사를 선임할 권리가 있다'는 원칙을 고지하는 것이다.

묵비권을 행사한다는 것은 일반적으로 자신이 무죄임을 항변하는 것이다. 내 죄가 성립하려면 검찰에서 이를 증명해야 한다. 그래서 유죄 판결이 확정될 때까지는 형사 피고인을 무죄로 본다는 무죄 추정의 원칙이 적용된다. 하지만 마약 공급 사범을 상대로는 묵비권을 행사하면 오히려 죄가 있는 것으로 판단하는 유죄 추정의 원칙을 적용하고, 본인의 무죄를 주장하기 위해서는 스스로 자신이 무죄임을 입증해야 한다. 이들을 상대로는 이 과정에서 국선 변호사를 선임할 권리도 박탈하며, 또한 이들을 상대로는 통신감청, 함정수사, 예금계좌 추적 등이 허용되어야 한다는 것이다.

이런 정책에는 한마디로 마약 공급 사범들은 보통의 사람과 동등하게 취급하지 않는다는 의미가 담겨 있다. 인권을 무시하고라도 검거하고 단속해야 한다는 뜻이며, 이는 유엔의 권고사항이기도 하다.

합법화 정책

우리나라 마약류 정책의 또 하나는 수요감소 정책이다. 앞의 운송차단 정책이 마약류를 제조하고 공급하는 자들을 대상으로 하는 정책이라면, 이 정책은 수요자들을 대상으로 한다. 예전에는 범죄화 정책을 통해 엄벌하면 수요자가 줄어들 것으로 생각했으나 실패했다. 왜냐하면 이들은 중독이라는 질병을 앓고 있기 때문에 벌을 준다고 해서 줄어들지 않는다. 재범을 줄이기 위해서는 중독이라는 질병을 치료해야 하므로 비범죄화 정책으로 변화되었다.

그래도 너무나 많은 사람이 마약류를 남용하기 때문에 이를 법적으로 관리할 수 없어 일부 국가에서는 합법화 정책을 취하고 있다. 합법화란 해도 괜찮다는 게 아니라, 마약류를 남용하면 위험하니 안 하는 게 좋지만 그래도 해야겠다면 남용자가 가장 많은 대마에 한해 의료용 대마 복용을 합법화한 것이다. 일부에서는 레크리에이션용으로 다섯 주까지는 재배도 가능하도록 완화하는 정책이다.

이는 넘쳐나는 남용자들을 컨트롤할 수 없기 때문에 나온 고육지책일 뿐이다. 합법화하는 나라에서도 범죄 등 많은 문제가 증가하자 다시 불법화하는 방향으로 돌아서고 있다. 합법화라는 정책도 어쩔 수 없이 마약을 남용하지만 치료받아 회복할 수 있다는 것을 홍보하고 치료를 유도하는 정책의 일환이다. 범죄화나 비범죄화, 합법화 정책들은 모두가 넘쳐나는 마약 중독자들을 어떻게 감소시키고, 단순 투약자에 대한 치료와 재활을 어떻게 활성화할지 등에 초점이 맞춰져 있다.

예전에는 범죄화 정책을 통해 단속했는데 결과적으로 마약 중독자가 감소하기보다 오히려 늘어났다. 교도소에 있으면서 마약에 대한 다양한 것들을 더 많이 배우게 되는 것이다. 예를 들어 대마법 위반으로 교도소에 들어간 사람이 그곳에서 필로폰 투약자와 친해지면서 이전보다 더 다양한 종류의 마약류와 구매 정보 등을 수집하게 되는 역효과가 나타나는 것이다. 이처럼 마약류 중독을 질병으로 판명하는 상황에서 병을 앓고 있는 사람을 단속하고 처벌하는 것만으로 해결될 수 있는 문제가 아니다.

범죄화 정책이 실패를 거듭하자 전 세계적으로 비범죄화 및 합법화 정책을 펼치기 시작했다. 투약자들을 단속하고 처벌하기보다 치료하고 회복시키는 데 중점을 두는 것이다. 우리나라도 이 비범죄화 및 합법화 정책을 강화해 투약자들을 치료하고 회복시켜야 한다. 그렇다고 해서 마약류 투약이 범죄가 아니라는 것은 아니다. 마약류를 남용하는 것 자체가 불법이고 범죄인 것은 분명하다. 다만 그 범죄의 원인이 중독이라는 '질환'에 있다고 판단하기 때문에 이 질환을 치료해야 재범을 예방할 수 있다고 보는 것이다.

미국의 경우 5,300만 명의 마약류 남용자 가운데 4,200만 명이 대마 투약자인데 사실 이 많은 수의 사람들을 단속하려 해도 단속할 수가 없다. 그래서 투약자들보다 주로 공급 사범을 우선으로 단속하고 처벌한다. 앞에서 잠시 설명했던 필라델피아 켄싱턴 지역의 좀비 거리를 기억할 것이다. 펜타닐에 중독된 범죄자들이 좀비처럼 거리를 돌아다니고 있어도 이를 단속할 수가 없다. 한 사람을 단속하고 법적으로 처벌하는 데 1년에 4만 달러 이상의 예산을 사용해야 하기 때문이다.

이렇게 개개인을 상대로 하는 규제가 현실적으로 어렵다 보니 각 주에 따라 대마를 합법화하는 경우가 생겨났고, 대마에 한해서는 의료용으로 만들어 팔기도 한다. 단속을 강화하면 이것을 판매하는 사범들(주로 마피아)이 위험 부담을 느껴 대마 가격이 점점 비싸지고, 그러면 대마를 남용하는 사람들은 더 비싼 값에 대마를 구해야 하기 때문에 결국 범죄가 점점 더 늘어나는 결과를 낳는다. 그 범죄를 줄이려면 대마 가격을 낮추는 수밖에 없다. 단속하기도 어렵고 투약을 막을 수도 없으니 차라리 정부에서 의료용 대마를 만들어 파는 것이다.

예를 들어 마트에서 1만 원에 파는 대마를 정부에서 의료용으로 만들어 1,000원에 판다고 해보자. 가격이 싸져 쉽게 구할 수 있게 되면 남용자들의 범죄가 줄어든다. 그리고 이것을 팔면 수익금이 생기게 되고, 여기서 발생한 세금과 수익금을 중독자 치료 재활 사업에 사용하는 것이다. 합법화 정책이라고 해서 마음 놓고 마약류를 남용하라는 뜻이 아니라 '하지 말라'는 일종의 캠페인이다.

우리나라에서도 많은 예산을 들여 금연 캠페인을 하고 있는 것과 같은 맥락이라고 볼 수 있다. 담배가 그렇게 유해한 물질이라면 만들지도 말고 팔지도 말아야 하는데 왜 전매청에서 특허를 내 팔고 있느냐고 반문할 수 있다. 하지만 이미 수많은 사람들이 담배에 중독되어 있는 현 실정에서 무조건 흡연을 규제하거나 담배 판매를 금지한다고 해서 해결될 수 있는 문제가 아니다. 그렇게 되면 오히려 담뱃값이 치솟거나 밀수 등의 또 다른 범죄가 증가할 수밖에 없다. 그렇다 보니 어쩔 수 없이 담배 판매를 합법화하고 캠페인을 하는 것이다.

치료와 재활의 활성화

우리나라도 미국의 경우처럼 치료와 재활을 활성화하기 위한 마약류 대책 협의회가 발족했으나 치료받는 인원은 아직 극소수다. 우리나라 마약 사범의 수는 2만여 명 정도로 집계되고 있으나 실질적인 중독자 수는 정확하게 파악하기 어렵다. '암수 범죄'라고 해서 그 수를 마약 사범의 30배 정도로 보는 경우도 있다. 그렇게 따진다면 60만 명 정도가 되는데 이는 아주 심한 중독자만 포함한 집계일 뿐, 남용하는 사람까지 포함하면 100만~200만 명 정도는 족히 되지 않을까 싶다. 게다가 의료용 마약류까지 포함하면 그 수는 더욱 늘어난다.

그렇다면 그중 치료받는 사람의 수는 얼마나 될까? 놀

랍게도 전체 사범의 1.6%에 불과하다. 99% 이상이 자기가 중독이라는 사실을 인정하지 않기 때문에 당연히 치료도 받지 않고 있다. 그래서 이들이 자각하고 치료받을 수 있도록 하는 제도화가 더더욱 활성화되어야 한다.

우리나라 마약류 관리에 관한 법률을 통합하면서 두 가지 바뀐 점이 있다. 마약법이나 향정신성의약품, 대마 관리법이 적용되던 예전에는 마약류 중독자가 치료받으러 내원하면 담당 의사는 그 사람의 인적 사항을 한 달 이내에 보건 당국에 보고해야 할 의무 조항이 있었다. 만약 이를 어기면 그 담당 의사는 처벌받는다. 그렇다 보니 환자들이 치료를 위해 병원에 가는 것을 꺼릴 수밖에 없다. 자신의 신분이 노출되어 검거될 위험성이 커진다고 생각하기 때문이다. 치료받으러 병원에 가면 곧장 신고되어 검거된다는 잘못된 소문이 나돌면서 환자들은 점점 더 치료를 거부하게 되었다.

그러자 치료를 활성화하기 위해 이 의무 조항 자체를 삭제했다. 2000년 7월부터는 어느 병원에서 마약류 중독 치료를 받아도 비밀이 보장되어 보고되거나 신고되는 일이 생기지 않도록 바뀌었고, 일반 질환처럼 의료 보험도 적용된다. 그런데 환자는 물론이고 의사들조차 아직도 이 부분에 대해 모르고 있는 경우가 많다.

또 우리나라에는 치료보호제도라는 게 있는데, 국가에서 마약류 중독자들에 대해 무료로 치료해 주는 것을 의미한다. 비밀 보장하에 1년까지 무료로 입원도 가능하고 외래 치료도 가능하다. 우리나라 법적 치료의 종류에는 여러 가지 제도가 있는데, 치료 보호(치료 보호 조건부 기소유예), 교육 이수 조건부 기소유예, 선도 조건부 기소유예, 집행유예 수강 명령, 치료감호 등이다.

'치료 보호 조건부 기소유예'는 마약류 사범이 검거되면 검찰에서 이 사람의 치료 여부를 판단한 뒤 치료 보호를 받는 조건으로 기소를 유예하는 제도다. 그런데 이 제도가 거의 활용되지 않아 실효성을 거두지 못하고 있다는 게 문제다. 마약류 관리에 관한 법률을 통합하면서 이제는 검찰의 판단이 없더라도 본인이 원하면 자발적으로 신청해 무료로 치료받을 수 있게 했다. 그런데 문제는 예산을 늘리고 있다고는 하지만 여전히 많이 부족하다는 점과 치료 보호 지정 병원이 부실하다는 점이다. 지정 병원이 22군데나 되지만 실질적으로 담당하고 있는 병원은 국립부곡병원, 인천의 참사랑병원, 대구의 대동병원 이렇게 세 곳뿐이다. 자기 병원이 지정 병원인지조차 모르고 있는 경우가 허다하고, 의사들이 이런 환자의 치료 자체를 꺼리는 경우가 많다는 게 문제다.

'교육 이수 조건부 기소유예'는 약 40시간 교육받는 조건으로 기소를 유예하는 제도로 주로 초범자에게 해당한다. 30~40시간의 교육을 이수해야 하며, 이 교육은 반드시 필요하다. 왜냐하면 중독은 본인이 중독이라는 사실을 인정하지 않기 때문에 스스로 치료를 거부하다 보니 강제 치료를 받을 수밖에 없다. 그래서 사건화되었을 때 치료를 연계하면 이때가 가장 빠른 치료 시점이다. 교육을 통해 중독이 어떤 질병인지, 왜 치료가 필요한지 등에 대해 자세히 알게 됨으로써 어떤 식으로든 적극적으로 치료를 받고자 하는 마음을 갖게 되기 때문이다. 다만 표준화된 프로그램이 부재하다는 아쉬움이 있다. 집중적인 동기화 프로그램이 필요하며, 정기적 약물 검사와 상담의 명문화가 필요하다.

'선도 조건부 기소유예'는 교육받는 것뿐만 아니라 6개월간 보호 관찰을 받으며 치료를 받을 수 있도록 하는 제도다. 교육만으로 100% 치료가 되는 것은 아니다. 교육은 어디까지나 안내 역할을 하는 것뿐이지 치료에 입문하는 연계 과정이 없기 때문에 치료를 받도록 하는 제도가 바로 선도 조건부 기소유예다. 마약퇴치운동본부에서 하는 재활교육을 이수해야 하며 입원이나 외래 치료가 가능하다.

'집행유예 수강 명령'은 집행유예를 선고할 때 일정 시간의 수강 명령을 같이 선고하는 제도다. 이뿐만 아니라 집행유예 시 치료 명령도 함께 선고하는 제도도 새롭게 만들어졌다. '치료감호 제도'는 우리 국립법무병원에서 감호 대상자들을 상대로 진행하는 치료 제도다. 치료감호는 2년까지 치료가 가능하며, 기본 6개월 과정으로 중독이 심한 사람한테는 아주 유용한 제도다.

교도소 내 프로그램

우리나라 교도소 내의 마약 사범 수만 해도 3,500명 이상이며, 그중 60%가 투약 사범, 즉 중독자들이다. 그런데 교도소 내에 치료 시설이 전혀 없고 정신과 의사도 거의 없어서 치료받기가 어렵다. 2016년에 교정본부에 심리치료과가 개설되면서 마약 사범을 상대로 교육을 담당하게 되었다. 국내 8개 교도소에서 시범적으로 단약동기증진 프로그램을 진행했다. 3개월 단위로 진행하는 13주 프로그램으로, 주 1회두 시간씩 교육하며, 전반기에 48명, 후반기에 48명을 대상으로 한다. 각 교도소에서 소집해 교육하고, 교육 후 본 교도소로 이송한다.

그러다가 점차 52개 교도소로 확대했고, 교도소 내 기본 교육 활성화를 위해 심리치료팀을 구성해 8회의 기본 프로그램을 운영하고 있다. 군산교도소의 경우에는 심리치료센터에 심화 과정이 개설되어 3개월간 치료공동체 활동을 하는 프로그램도 만들었다. 2022년 마약과의 전쟁이 선포된 이후 법무부 내에 중독재활팀이 구성되어 각종 회복 관련 프로그램들을 개발해 보급하고 있다. 외국의 경우에는 수감자 중 중독자인 경우가 너무 많아 교도소마다 치료공동체TC, Therapeutic Community를 이용한 중독 치료 시설들이 활발하게 운영되고 있다.

교육 프로그램은 늘어나고 있는데 치료감호 실적은 1년에 20명도 안 된다. 지금 국립법무병원에 병동이 두 개나 있고 많게는 100명 정도 치료할 수 있는 시설이 갖춰져 있지만 현재 이곳에서 치료 중인 수감자는 25명 정도밖에 되지 않는다. 법무부에서도 치료감호를 활성화하겠다고는 하지만 아직 그 수가 그렇게 많이 늘고 있지 않은 실정이다.

아래 그래프 중 맨 위의 선은 전국의 치료 보호 실적을 나타내며, 그 아래 짙은 선은 국립부곡병원의 실적이다. 국립부곡병원에는 약물 중독 진료소가 개설되어 있어서 약물 중독 환자들을 전문적으로 치료한다. 2002년에 국립부곡병원의 원장으로 일하면서 그곳의 약물 중독 진료소에서 마약 환자들을 주로 보게 되었는데, 이후부터 국립부곡병원에서 담당하는 마약 중독 치료자 수가 급격히 늘어났다.

그래프의 회색 막대는 자발적으로 치료한 사람들이고, 짙은 색 막대는 검찰에서 치료 보호 조건부 기소유예를 보

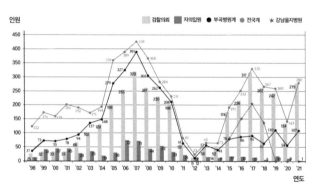

우리나라 치료 보호 실적(출처: 대검찰청 마약류범죄백서 자료 재구성)

낸 사람들을 나타낸다. 그래프를 보면 2011년부터 검찰에서 보낸 인원은 점점 적어져 거의 없어지고, 자발적으로 치료하는 사람의 수도 급격히 줄어든 것을 알 수 있는데, 사실이 당시 큰 문제가 있었다. 약물 중독 진료소에서 치료받던 마약 환자가 검거되자 자신을 치료한 의료진을 물고 들어간 사건이 발생했고, 그 여파로 치료자의 수가 눈에 띄게 줄어든 것이다. 2011년에 나는 명예퇴직을 하면서 이 병원을 떠나게 되었는데 이후로 담당할 의사가 없어지자 결국 이 병동은 문을 닫을 수밖에 없는 상황이 되었다. 한 사건으로 인해 국가 전체의 치료 활성화를 완전히 침몰시킨 끔찍한 결과를 낳은 것이다. 이제 다시 활성화되고 있지만 여전히 치료자 수가 그렇게 많지 않은 실정이다.

그래프의 별로 표시한 선은 강남을지병원에서 치료 보호를 담당한 숫자다. 이 시기는 내가 국립부곡병원에서 명예퇴직을 하고 강남을지병원에서 다시 원장으로 일하기 시작했을 때다. 서울시의 치료 보호 병원으로 지정받아 외래로 마약 환자를 진료하기 시작했다. 서울시의 3분의 2를 이 병원에서 담당했다. 그런데 예산이 부족해 5억 이상이나 되는 의료비를 지원받지 못하면서 다시 그만둘 수밖에 없는 상황이 되었다. 지금은 국립부곡병원, 참사랑병원, 대동병원이 지정 병원으로 참여하고 있는데 여전히 충분한 예산이 뒷받침되지 못하고 있는 실정이다.

우리나라의 마약 중독 실태는 마약과의 전쟁을 선포할만큼 이미 마약류 중독이 확산할 수 있는 위험한 국가다. 마약 중독은 치료해야 회복할 수 있는 심각한 질병이다. 질병은 내 마음대로 생기게도 하고 없어지게도 할 수 있는 게절대 아니다. 자기 의지와 상관없이 생기고 진행되는 질병이다. 치료를 받아야만 회복이 가능한 게 이 질병의 특징이다. 뇌에 문제가 생길 수 있는 만성 질환이기 때문에 치료를 활성화하고 평생 관리해야 한다.

불법 마약뿐만 아니라 의료용 마약류 중독 또한 심각한 수준으로 증가하고 있다. 불법 마약은 불법이니 경계심을 갖지만 의료용 마약은 쉽게 남용하는 사례가 흔하다. 하지만 이 모두가 마약류인 것은 매한가지다. 제조 자체가 되느냐, 안 되느냐의 차이일 뿐이다. 또한 강력한 마약인가, 아닌가를 따지는 것 역시 무의미하다. 모두 중독이라는 공통적인 특성이 있기 때문이다. 대마가 합법화된 곳도 있고 하다보니 이를 가볍게 여기는 경향이 있는데 사실 나는 대마가 가장 무섭다고 생각한다. 접근이 너무 쉽기 때문이다. 대마 역시 중독되면 그 늪에서 빠져나오기가 절대 쉽지 않다. 그래서 애초에 발을 들여놓아서는 안 된다.

의료용 마약류가 더 위험한 것도 같은 맥락이다. 가볍게 생각하기 때문이다. 더군다나 젊은 세대의 중독자가 늘고 있다는 사실이 더욱 심각하다. 이들을 상대로 신속한 치료가 적극적으로 이루어져야만 빠른 회복이 가능하다. 모든 질병은 조기에 발견해 신속히 치료하면 얼마든지 좋은 결과를 볼 수 있다. 중독도 마찬가지다. 늦으면 늦을수록 치료가 어려워진다. 우리 모두 마약 중독이 얼마나 무서운 병인지를 깨달아 그에 따른 예방과 대책에 함께 힘을 모아야 할 때다.

2부

모르면 죽고, 알면 사는
약물과 독물

중독의 이해

중독자가 되려고 작정하고 시작하는 사람은 없다.
누구나 처음에는 가벼운 호기심으로 시작한다.
하지만 그 단 한 번의 경험이 뇌를 지배하고
그 기억이 떠오를 때마다 행위를 반복하게 된다.
중독의 늪에 빠지는 것이다.
중독은 자신뿐만 아니라 가정이 파괴되는
치명적 위험을 유발하는 만성 질환이다.

1장
건강한 습관은 있어도 건강한 중독은 없다

습관과 중독의 차이

1부에서는 우리나라 마약류 중독의 실태가 어떠하며 또 어떤 제도들이 있는지를 살펴봤다. 2부에서는 마약류 중독이 왜 심각한 문제인지, 왜 한번 시작하면 끊지 못하고 중독에 이르게 되는지, 그리고 중독으로 인해 어떤 피해가 발생하는지 상세히 알아보도록 하겠다.

우리가 뭔가를 반복할 때 그것이 습관이냐, 중독이냐의 차이를 구별할 수 있어야 하는데, 사실 그렇지 못한 경우가 많다. 이 둘의 공통점은 '반복'에 있다. 습관도 반복하는 것이고, 중독도 반복하는 것이다. 또한 하고 싶다는 충동이 동반되며, 이를 함으로써 마음의 안정을 얻는다는 공통점이 있다.

이런 공통점을 가지고 있긴 하지만 습관과 중독에는 확연한 차이가 존재한다. 먼저 중독은 쾌락을 추구한다. 심각한 후유증이 따르며, 부정적 피해를 일으킨다. 자신에게 나쁘다는 것을 알면서도 지속하게 되고, 그 반복된 행위는 본인의 역할과 기능을 저하시킬 뿐만 아니라 관계마저 악화시킨다. 건강한 습관은 있어도 건강한 중독은 없다.

운동을 예로 들어보자. 보통 규칙적으로 꾸준하게 운동하는 것을 두고 우리는 중독이라고 말하지 않는다. 운동을 열심히 하면 대개는 그것을 긍정적으로 받아들이기 때문이다. 그런데 몸이 아파 쉬어야 하는 상황인데도 주사를 맞아가며 운동을 한다면 어떨까? 그럴 때 우리는 '저 사람은 운동 중독이야'라고 말한다. 규칙적으로 반복해서 하는 건 좋지만 과도하게 몰입하는 순간 중독의 단계로 넘어가고 심각한 부작용이 나타난다. 건강한 중독은 없다고 말하는 이유도 그래서다.

중독은 크게 행위 중독과 물질 중독으로 나눌 수 있다. 도박이나 게임, 섹스, 일 등이 행위 중독에 해당하며, 알코

서가

서울대 가지 않아도 들을 수 있는 명강의

명강

30

다시 태어난다면,
한국에서 살겠습니까

사회과학 이재열 교수 | 18,000원

**"한강의 기적에서 헬조선까지
잃어버린 사회의 품격을 찾아서"**

한국사회의 어제와 오늘을 살펴
문제점을 진단하고 해결책을 제안한 대중교양서

우리는 왜 타인의
욕망을 욕망하는가

인류학과 이현정 교수 | 17,000원

**"타인 지향적 삶과 이별하는
자기 돌봄의 인류학 수업사"**

한국 사회의 욕망과
개인의 삶의 관계를 분석하다!

내 삶에 예술을 들일 때,
니체

철학과 박찬국 교수 | 16,000원

**"허무의 늪에서 삶의 자극제를
찾는 니체의 철학 수업"**

니체의 예술철학을 흥미롭게, 또 알기 쉽게
풀어내면서 우리의 인생을 바꾸는 삶의
태도에 관한 니체의 가르침을 전달한다.

지금, 서가명강 시리즈로 각 분야

서가명강 BEST 3

서가명강에서 오랜 시간 사랑받고 있는
대표 도서 세 권을 소개합니다.

나는 매주 시체를 보러 간다

의과대학 법의학교실 유성호 교수 | 18,000원

"서울대학교 최고의 '죽음' 강의"

법의학자의 시선을 통해 바라보는 '죽음'의 다양한
사례와 경험들을 소개하며, 모호하고 두렵기만
했던 죽음에 대한 새로운 인식을 제시하다

사는 게 고통일 때,
쇼펜하우어

철학과 박찬국 교수 | 17,000원

**"욕망과 권태 사이에서
당신을 구할 철학 수업"**

세상일이 뜻대로 되지 않아 지친 현대인들에게
위로가 되어줄 쇼펜하우어의 소중한 통찰

세상을 읽는 새로운 언어,
빅데이터

산업공학과 조성준 교수 | 17,000원

**"미래를 혁신하는
빅데이터의 모든 것"**

모두에게 영향력을 끼치는 '데이터'의 힘
일상의 모든 것이 데이터가 되는 세상에서
우리는 빅데이터를 어떻게 바라봐야 할까?

처음이야

더 쉽게, 더 새롭게, 더 유익하게!
십 대와 성인이 함께 즐기는
내 인생의 첫 교양 시리즈를 만나보세요.

* 처음이야 시리즈는 계속 출간됩니다.

서울대 가지 않아도 들을 수 있는 **명강의**, **[서가명강]**은
대한민국 최고 명문대학인 서울대학교 교수님들의 강의를 엮은
도서 브랜드로, 다양한 분야의 기초 학문과 젊고 혁신적인 주제의
인문학 콘텐츠를 담아 시리즈로 발간하고 있습니다.

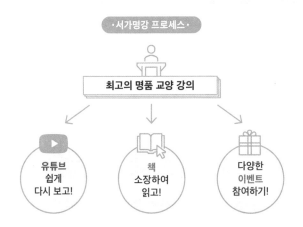

· 서가명강 프로세스 ·

최고의 명품 교양 강의

유튜브
쉽게
다시 보고!

책
소장하여
읽고!

다양한
이벤트
참여하기!

☞ 유튜브에 어떤 영상들이 있을까요?

1. 출간 전, 작가를 가장 먼저 만날 수 있는 방법!
→ 출간 전 라이브 강연

2. 책의 핵심을 한 시간 안에 담았다고?
→ 출간 기념 라이브

3. 그 외 다양한 인사이트
- 서울대 교수님들의 입시 Q&A
- 저자 인터뷰와 낭독 영상까지

도서는 물론, 유튜브 강연,
그리고 다양한 이벤트까지 —
내 삶에 교양과 품격을 더해줄 지식 아카이브!
[서가명강]을 다양한 플랫폼에서 만나보세요!

유튜브

시리즈 소개서

자연·과학

자연과 뇌과학, 그리고 의학까지
그 아름다운 경계와 사유

크로스 사이언스

생명과학부 홍성욱 교수 | 19,000원

"프랑켄슈타인에서 AI까지,
과학과 대중문화의 매혹적 만남"

일상 속에서 발견하는 과학과 인문학의 교차
복잡한 이론과 공식이 아닌, 문화 속에서 발견한
흥미진진한 과학의 향연

뇌를 읽다, 마음을 읽다

정신건강의학과 권준수 교수 | 17,000원

"뇌과학과 정신의학으로 치유하는
고장 난 마음의 문제들"

개인과 사회를 무너뜨리는 정신질환을
규명하고 치유하는 '의학'부터 '뇌과학'까지,
인간의 마음과 뇌에 관한 통찰을 모두 담다

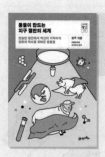

동물이 만드는
지구 절반의 세계

수의학과 장구 교수 | 17,000원

"인슐린 발견에서 백신의 기적까지
인류의 역사를 뒤바꾼 동물들"

우리가 그동안 미처 알지 못했던
보이지 않는 동물들의 이야기

서울대 교수진들의 명강의를 만나보세요! 더 다양한 서가명강 시리즈는 QR

예술

'아름다움'의 본질을 향한
깊고 자유로운 여정

어둠을 뚫고
시가 내게로 왔다

서어서문학과 김현균 교수 | 20,000원

"소외된 영혼을 위한
해방의 노래, 라틴아메리카 문학"

우리는 누구인가? 자신들의 정체성을 찾기 위해
분투해온 라틴아메리카 문학을 통해 미래를 향해
무한한 가능성을 배우다

불온한 것들의 미학

미학과 이해완 교수 | 18,000원

"포르노그래피에서 공포 영화까지,
예술 바깥에서의 도발적 사유"

인간의 감성, 감정, 비이성적 영역을 철학의 대상으로
탐구함으로써 우리에게 인간을 총체적으로
이해할 수 있는 새로운 관점을 선사한다

음악이 멈춘 순간
진짜 음악이 시작된다

작곡과 오희숙 교수 | 19,000원

"플라톤부터 BTS까지,
음악 이면에 담긴 철학 세계"

음악이 주는 감동에 대한 철학적 사유와
'소리'에 담긴 아름다움과 가치를 연구해온
그 치열하고도 세밀한 탐구의 결과물

코드를 통해 확인하실 수 있습니다.

서가명강 시리즈 38 출간!

100세 시대를 준비하는 생명과학 필독서

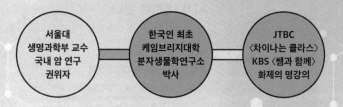

서울대
생명과학부 교수
국내 암 연구
권위자

한국인 최초
케임브리지대학
분자생물학연구소
박사

JTBC
〈차이나는 클라스〉
KBS 〈샘과 함께〉
화제의 명강의

세포의 미스터리로 생명의 신비를 푸는 생명과학자
서울대학교 생명과학부 이현숙 교수

내 안의 세포 37조 개에서 발견한
노화, 질병 그리고 죽음의 비밀

'세포'를 제대로 알면 '미래'가 두렵지 않다

올이나 마약류 등이 물질 중독에 해당한다. 그렇더라도 이 두 중독의 개념은 똑같다. 이 책에서는 주로 마약류 중독에 관해 이야기하고 있지만 도박이나 게임, 섹스, 일 등에도 똑같이 적용된다. 중독은 물질이든 행위이든 똑같은 질환이기 때문이다. 10~20% 정도의 차이가 있을 뿐 기전과 치료법도 같다.

한 번의 호기심이 중독으로

물질이든 행위든 뭔가를 시작하면서 처음부터 '죽을 때까지 할 거야'라고 생각하는 사람은 없을 것이다. 30년 넘게 수없이 많은 환자를 봐왔으나 누구도 중독자가 되려고 작정하고 처음부터 약물을 남용한 사람은 없다. 그러면 중독은 과연 어떻게 진행될까?

첫 번째 단계는 '실험적 사용'이다. 누구나 처음에는 '그냥 한 번만 해보지 뭐' 하는 가벼운 호기심으로 시작한다. 본드를 흡입한 한 어린 친구에게 어떻게 시작하게 되었는지 물어본 적이 있다. 그러자 TV에서 본드의 위험성에 대해 다루는 것을 보게 되었는데 그때 본드를 흡입하면 환각이 나타난다는 이야기를 듣고 정말로 그런지 실험적으로 해보게 되었다는 것이다. 그렇게 중학교 1학년 때 실험적으로 시작한 본드 흡입이 중독으로 이어지면서 그는 결국 전과 20범의 마약 사범이 되었다. 심각한 말기 중독자들도 모두 처음엔 '그냥 한 번만 해보지 뭐' 하는 마음으로 시작한다. 친구가 하니까 따라 하거나 호기심에 해보거나 여러 매체를 보고 실험적으로 해보거나 모두 다 시작은 '한 번만 해보자'였다.

그래서 특히 어린 청소년의 경우에는 예방 교육도 매우 조심스럽게 해야 한다. 이들을 상대로 100가지 폐해를 이야기해 주어도 한 가지 좋은 점을 이야기하면 그것이 강하게 머릿속에 남아 '그래? 한 번만 해볼까?'라고 생각하게 된다. '심각한 폐해는 중독된 사람들의 이야기지 한 번 한다고 그렇게 되지는 않을 거야'라고 가볍게 생각하고 시작하는 것이다. 불면증에 시달리거나 우울증을 앓고 있는 등의 경우에도 주변에서 좋다고 하면 선뜻 '한 번만 해볼까?' 하고 생각한다. 자극을 추구하거나 고통을 회피하는 경향의 사람들이 쉽게 노출된다.

두 번째 단계는 '목적적 사용'이다. 한 번 해본 것으로 끝나면 다행일 텐데, 대부분은 그렇지 못하고 반복하게 된다. 처음에 느꼈던 효과를 재경험하고 싶어지기 때문이다. 예를 들어 어떤 이유로든 실험적으로 대마를 한 번 해봤더니 붕 뜬 느낌이 들면서 기분이 좋아졌다고 해보자. 그러면 그 순간의 그 느낌을 다시 느끼고 싶어 두 번, 세 번 손을 대게 되는 것이다.

우리의 뇌는 어떤 강렬한 경험을 하면 그것을 중요하게 여겨 뇌 속에 저장해두기 때문에 그 기억이 평생 유지된다. 가령 전쟁이나 재난, 교통사고, 성폭행 등의 끔찍한 일을 경험한 사람들은 심각한 외상 후 스트레스장애를 겪는다. 그 당시의 상황이 강력하게 머릿속에 남아 있어서 그 기억이 떠오를 때마다 엄청난 고통을 느끼게 된다. 그 기억을 없앨 수 있다면 좋겠지만 안타깝게도 그럴 수 있는 방법이 없다.

중독도 마찬가지다. 한 번이라도 어떤 강렬한 경험을 하고 나면 그 자극을 잊지 못해 반복적으로 하게 되는 것이다. 흔히 고기도 먹어본 사람이 먹는다고 하듯이 한 번도 먹어보지 않은 사람은 그 맛을 알지 못하기 때문에 고기에 집착하지 않지만, 한 번이라도 먹어본 사람은 그 맛을 기억하기 때문에 또다시 고기를 찾게 된다. 오죽하면 세상에서 아는 맛이 제일 무섭다고 하겠는가.

만약에 고기를 먹어본 사람이라 해도 어느 순간 그 맛에 대한 기억을 잊어버렸다면 그 사람은 더 이상 고기를 찾지 않는다. 하지만 우리의 뇌는 강렬한 경험일수록 더욱 강력하게 기억하는 시스템이 갖춰져 있기 때문에 한 번 중독자는 영원한 중독자가 될 수밖에 없다고 이야기한다. 불치병이어서가 아니라 기억이 사라지지 않기 때문에 그 기억이 떠오를 때마다 갈망이 생겨 재발하는 것이다. 그래서 중독은 재발하지 않도록 평생 관리하며 살아가야 하는 만성 질환이다. 한 번의 호기심이나 실험적 사용으로 시작했다가 기분이 좋아지거나 고통이 완화되고, 스트레스가 해소되는 등의 경험을 하고 나면 그 기억이 떠오를 때마다 한 번 더, 한 번 더 하며 반복함으로써 결국 중독의 길로 들어선다.

세 번째 단계는 '집중적 사용'이다. 강렬한 경험이 떠오를 때마다 반복적으로 하다 보면 점점 내성이 생겨 사용하는 양이 늘어난다. 마약류는 같은 양의 약물을 사용하다 보면 그 효과가 점점 떨어지게 되고, 전과 같은 효과를 보기 위해서는 양을 점점 더 늘릴 수밖에 없는 특징이 있다. 또한 약물을 끊었을 때 신체적인 금단 증상뿐만 아니라 정신적인 금단 증상도 동반한다. 이런 금단 증상의 고통을 견디지 못해 다시 반복적으로, 그리고 집중적으로 사용하게 된다. 이쯤 되면 조절 능력을 상실했다고 봐야 한다. 예를 들어 이 전까지는 일하는 주중에는 하지 않고 주말에만 했다면, 이 제는 주중에도 하고 대낮에도 하는 식으로 시도 때도 없이 반복하게 된다. 이렇게 정기적으로 약물을 사용하면서 그 에 따른 폐해가 극명하게 나타나기 시작한다.

네 번째 단계는 '의존적·강박적 사용'이다. 반복적이고 정기적인 사용으로 인해 그에 따른 폐해가 심각하게 드러 나는데도 불구하고 점점 더 약물에 의존하거나 강박적인 수준으로 사용하게 된다. 이 단계가 되면 인생의 낙이 모두 사라진다. 마약류는 보상 회로에 영향을 끼치는 도파민을 일시적으로 활성화해 기분을 좋게 하기도 하지만, 결국에 는 보상 회로를 모두 파괴하기도 한다. 이 보상 회로가 파괴 되면 인생에서 그 어떤 즐거움도, 재미도 느끼지 못한다. 그 러면 또 그런 상황으로부터 탈출하기 위해 또다시 약물을 사용하게 된다. 그래서 네 번째 단계인 중독 말기에 이르면 울면서도 약물을 사용하는 지경이 되고, 대부분은 아무 이 유 없이 숨을 쉬듯 약물을 사용한다.

중독은 질병이다

우리는 보통 중독이 2차적 질병이라고 알고 있다. 통증 때문에 진통제를 복용하다가 중독이 된다거나 우울증을 없애기 위해 복용하다가 중독이 된다는 식으로 생각하기 때문이다. 하지만 중독은 유전적, 정신사회적, 환경적 영향을 받는 1차적 질병이다. 일례로 부모 중 한 명이 알코올 중독인 경우 그 자녀가 그렇지 않은 사람들에 비해 알코올 중독이 될 확률은 네 배나 높다는 통계가 있듯이, 중독은 유전적 성향과 환경적 요소의 영향을 크게 받는다.

또한 방치하면 결국 사망에 이르거나 그 전에 자살을 선택하는 등 자신뿐만 아니라 가정이 파괴되고 나라가 망할 정도의 치명적 위험을 유발하는 만성 질환이다. 만성 질환은 완치되지 않는 질환으로, 한 번 중독자는 영원한 중독자가 될 수밖에 없다. 약을 끊기는 쉽지만 그것을 유지하기란 매우 어렵다. 그래서 재발하지 않도록 평생 꾸준하게 관리해야 하는 질환이다.

우리가 흔히 알고 있는 당뇨, 고혈압, 고지혈증 등이 완치되지 않는 만성 질환이다. 예를 들어 당뇨병 환자가 한 달

동안 병원에 입원해 집중적으로 치료를 받으면 좋아진다. 하지만 퇴원하고 제대로 관리하지 않으면 이내 다시 나빠진다. 이런 만성 질환은 나빠지지 않도록 평생 관리해야 하는 병이다. 처방받은 약도 열심히 먹고 기본적으로 식단을 지키고 규칙적으로 운동하면 웬만한 당뇨나 고혈압은 조절이 가능하다. 그래서 이런 만성 질환자들이 관리를 잘하면 일반인보다 더 건강하게 오래 산다는 말이 있다. 정기적으로 병원에 가 검사하고 스스로 철저하게 관리하기 때문에 일반인에 비해 오히려 더 건강하게 오래 살 수 있다는 뜻이다.

중독도 마찬가지다. 그렇게 하기 위해서는 건전한 가치관과 건강한 생활 양식이 바탕이 되어야 한다. 왜냐하면 일반인들은 마약이 불법이고 얼마나 위험한 것인지 알고 있기 때문에 아예 시작조차 하지 않는다. 하지만 중독자들은 그것을 알고 있으면서도 한다. 그렇기 때문에 가치관이 일반인들처럼 건강하게 바뀌어야만 다시는 하지 않는다. 그래서 이런 건전한 가치관을 바탕으로 규범적이고 규칙적이며, 책임감 있고 정직하게 생활해야 한다. 중독되면 생활이 점점 더 불규칙해지고, 가족이나 일에 대한 책임감이 떨어지기 때문이다.

기억을 없앨 수는 없지만 책임감을 강하게 키우면 자제력이 높아져 재발을 예방할 수 있다. 무엇에든 중독이 되면 보통 숨어서 몰래 하게 되는데, 그러다 보니 주변 사람들에게 자꾸만 거짓말을 한다. 거짓말을 반복하다 보면 어느 순간 누구도 나의 말을 믿어주지 않게 되고, 심지어는 자기가 자기한테 속는 지경에 이른다. 그래서 매사 정직하게 생활해야 한다. 중독의 치료는 약을 어떻게 끊느냐가 아니다. 건전한 가치관과 건강한 생활 양식으로 바꿔나가는 게 진짜 치료다. 그렇게 평생 관리를 잘하면 이전보다 더 건강하게 살 수 있다.

2장
단 한 번의 경험이 뇌를 지배한다

보상 회로가 작동하는 순간

중독은 만성 질환인 동시에 뇌 질환이다. 우리의 뇌는 대뇌, 소뇌, 척수, 후두부 등등 뇌의 부위별로 각각의 역할이 존재한다. 그래서 뇌의 어떤 부분이 손상되었는지에 따라 그 증상이 다르게 나타난다.

그중 보상 회로reward pathway라는 게 있는데 이 보상 회로에 도파민이 증가하면 기분이 좋아진다. 그래서 한 번 그런 경험을 하고 나면 또 하고 싶어진다. 이렇게 도파민이 증가하면 이를 반복적으로 하게 함으로써 기분이 좋아지고 일상생활에서 느끼는 즐거움이나 기쁨, 쾌감이나 행복감, 보람 등의 긍정적인 감정을 만들어주는 게 바로 보상 회로의 역할이다. 그래서 이 부위는 '쾌감 중추'라는 별명을 가지고 있다.

그런데 이 부위가 손상되면 어떻게 될까? 삶이 시들해진다. 뭘 해도 재미가 없고 즐겁지 않다. 그러다가 행위나 물질을 통해 보상 회로에 일시적으로 과도하게 도파민이 활성화되면 기분이 좋아지고, 이를 한 번 맛보면 반복하는 중독이 되는 것이다. 그래서 보상 회로를 중독 중추라고도 한다.

중독은 그것이 행위 중독이든 물질 중독이든 보상 회로에 도파민을 과도하게 높이는 작용을 한다. 그렇기 때문에 중독이 되면 도파민이 과도하게 높아져 평상시에 느끼지 못한 새롭고 강렬한 뭔가를 느끼게 된다. 한 번 그런 경험을 하고 나면 '한 번 더'라는 유혹을 이기지 못하고 반복하게 되어 결국 중독에 이른다. 이것이 중독이라는 질환의 특징이다.

보상 회로는 1954년에 생리학자인 피터 밀너Peter Milner와 제임스 올즈James Olds가 쥐를 대상으로 한 전기자극 실험 중 우연히 발견했다. 뇌의 특정 부위를 전기 자극하자 보상 효과가 있었다. 다시 말해 쥐 뇌의 어떤 부위를 자극하자 쥐는 그 자극을 받으려고 어떤 행동을 반복하더라는 것이다. 이는 생존과 관련이 있는데, 우리는 어떤 행동을 반복해야 삶을 영위할 수 있다.

예를 들어 배가 고프면 뭔가 먹고 싶어지고 먹고 나면 만족감을 느낀다. 우리는 이 행위를 반복적으로 하게 되고, 그럼으로써 생존이 가능해진다. 만약에 배고픔을 느끼지 못하거나 뭔가를 먹어도 만족감을 느끼지 못한다면 인간은 먹는 행위를 하지 않게 되어 결국 굶어 죽게 되고 인류는 멸종한다.

섹스도 마찬가지다. 사람이든 동물이든 남녀 간에 이 행위가 이루어져야만 종족 번식이 가능하고, 동물이든 식물이든 모두가 이 종족 번식의 본능을 가지고 있다. 그래서 섹스를 하면 기분이 좋아지고, 그 기분 좋은 경험을 하고 나면 이를 반복함으로써 종족을 번식할 수 있게 된다. 그렇지 않고 섹스가 고통스러운 경험이라면 누구도 이를 반복하려하지 않을 테고 그러면 번식이 이루어지지 않아 결국 인류는 멸종하게 된다.

이런 반복적인 행위를 해야만 살아갈 수 있고, 그것을

만들어주는 게 보상 회로다. 그런데 이런 현상은 특정 물질을 투여하는 것으로도 유발된다. 마약류 중독은 보상 회로에 도파민을 과도하게 증가시키기 때문에 평소보다 더 자극적인 쾌감을 느끼게 한다. 이런 기분을 한 번이라도 맛보면 그 기억을 잊지 못해 반복하게 된다.

쥐를 폐쇄된 공간에 놓아두고 혈관에 주삿바늘을 꽂아 레버를 누르면 혈관 속으로 코카인이 투여되도록 장치를 만들었다. 폐쇄된 공간을 돌아다니던 쥐가 우연히 레버를 누르자 혈관 속으로 코카인이 투여되었고, 코카인이 혈액을 타고 뇌에 도달하자 쥐는 기분이 좋아졌다. 우연히 이 경험을 하게 된 쥐는 반복해서 레버를 눌렀다. 실험에 의하면 이 쥐는 먹지도 자지도 않고 계속해서 레버를 눌렀고, 그러다가 결국 죽었다.

그런데 쥐의 혈관에 주사를 놓고 한 실험이다 보니 혈액을 타고 전신을 돌던 약물이 뇌의 어느 부위에 도달해 기분을 좋게 만드는지 알 수 없었다. 그래서 연구자들은 쥐 뇌의 여러 부위에 각각 코카인을 투여해 보았다. 그 결과 그림에서처럼 측좌핵nucleus accumbens과 복측피개영역VTA, Ventral Tegmental Area에 약물을 투여하자 쥐는 즉각적으로 반응을

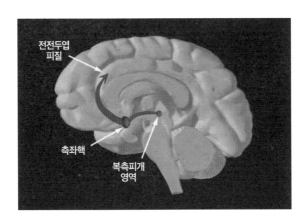

코카인에 반응한 쥐 뇌의 보상 회로

보였고, 그것을 유지하려고 이후로도 반복해서 레버를 눌렀다.

이번에는 그곳에서 몇 밀리미터 옆에 코카인을 투여해 보았다. 그러자 쥐는 레버를 누르지 않았다. 그곳이 쥐의 기분에 직접 영향을 주지는 않은 것이다. 연구자들은 이 실험을 통해 뇌에는 기분을 좋게 하는 부분이 따로 존재한다는 것을 알아냈다. 측좌핵과 복측피개영역에 도파민이 증가하면 기분이 좋아진다. 그래서 이 보상 회로를 쾌감 중추, 또는 중독 중추라고 이야기한다.

마약의 두 얼굴

마약류는 보상 회로에 과도하게 도파민을 높여 평상시 느끼지 못한 자극을 느끼게 함으로써 이를 반복하게 하는 질환을 만든다. 만약에 완벽한 마약이 있어서 우리 몸에 들어와 해로운 작용 없이 오직 이 보상 회로에만 도파민을 높여준다면 어떨까? 그래서 아무 부작용 없이 기분만 좋아진다면 어떨까? 하지만 그런 마약은 절대 존재하지 않는다.

모든 마약류는 우리 몸에 들어오는 순간 혈액을 타고 전신을 돌며 온몸에 영향을 끼친다. 보상 회로의 도파민을 과다하게 높이는 작용이 두드러지게 나타나는 것뿐이지 그렇다고 해서 다른 작용이 없는 것은 절대 아니다. 당연히 부작용이 따를 수밖에 없다. 각성제인 코카인의 경우만 하더라도 보상 회로의 도파민을 높여주는 것 말고도 다른 부위에 강력하게 작용하기 때문에 여러 가지 정신적인 문제와 더불어 신체적 문제도 동반한다.

각성제 중 하나인 필로폰 역시 보상 회로에만 작용하는 게 아니다. 내성이 생기고 사용하는 양이 점점 많아지면 전전두엽의 도파민이 과도해진다. 전전두엽은 우리의 사고를 담당하는 곳이다. 이곳에 도파민이 적절하게 생성되어야만 생각을 잘할 수 있고, 그에 따라 올바른 판단과 올바른 행동을 할 수 있다. 문제는 전전두엽에 도파민이 너무 과도해지면 정신 질환으로 이어지는 것이다. 결국 모든 마약류는 정신 질환을 일으키는 약물이라고 보면 된다. 그래서 정신과적 치료제로는 이 전전두엽의 도파민을 떨어뜨리는 작용을 하는 약물을 사용한다.

정신과에서 조현병, 양극성장애, 우울증, 불안장애, 강박장애 등의 다양한 질환을 진단하기 전에 반드시 선제되어야 하는 과정이 환자의 마약류 남용 여부를 확인하는 것이다. 확인 결과 마약류 남용이 없다고 판명되었을 때 정신과적 진단을 내린다고 보면 된다. 마치 외줄타기처럼 아슬아슬하게 줄 위를 걷는 것과 같다. 처음에는 그 증상이 가볍게 나타난다. 그래서 줄 위에서 휘청거려도 안 떨어지면 괜찮다고 생각한다. 하지만 휘청거림이 자주 일어나면 곧 추락할 수밖에 없고, 한 번 추락하면 계속해서 문제가 생긴다. 점점 더 증상이 심해져 조현병과 동일한 양상을 보인다. 망상장애, 환각장애, 불안장애 등이 생기고, 심각하게는 살인이나 여러 가지 범죄를 일으키는 상황에까지 이른다.

억제제 중 하나인 오피오이드opioids 역시 그 부작용이 각성제와 다르지 않다. 오피오이드는 마취제나 진통제로 사용되는 아편 제제로 중추신경을 억제하는 약물이다. 각성제는 뇌를 자극하지만 억제제는 그와 반대로 뇌를 마비시켜 편안감이나 다행감을 느끼게 한다. 잠이 오거나 술에 취한 듯한 느낌이 들거나 마음이 편안해지는 느낌이 든다. 이런 효과를 느끼고 싶은 사람들이 반복적으로 사용하게 되는데, 이 또한 보상 회로만이 아니라 다른 부위에도 강력하게 작용해 뇌의 마비를 불러온다. 보통은 피질부터 마비되기 시작해 점점 회백질이 마비되고 나중에는 연수까지 마비되어 사망에 이른다.

중추신경 억제제 중 하나인 대마도 마찬가지다. 보상 회로의 도파민이 높아지니까 일시적으로 기분이 좋아지는 것 같지만 이외에도 광범위하게 작용해 잠이 오거나 술에 취한 듯 나른해진다. 필로폰이나 코카인 등의 각성제를 남용한 사람들이 잠을 못 자다 보니 잠을 자기 위해 또다시 대마 같은 억제제를 사용하는 경우도 있다. 악순환이 반복되는 것이다. 마약류는 효과만이 아니라 반드시 치명적인 부작용을 동반한다.

뇌세포의 파괴

인간의 뇌에는 약 1,000억 개의 뇌세포들이 서로 연결되어 있고, 그 연결된 고리만 200조가 넘는다. 우리의 뇌는 한마디로 어마어마한 슈퍼컴퓨터라고 볼 수 있다. 그런데 우리는 그것의 아주 일부분밖에 사용하지 못한다. 뇌의 노화가 일어나기 때문이다. 지구에 존재하는 모든 인류는 이 노화로부터 자유롭지 못하다. 어떤 학자들은 20대 중반까지도 뇌가 발달한다고 하지만 내 생각에는 사춘기를 지나면서부터 이미 노화의 길로 들어서는 게 아닐까 한다.

매일 5만 개에서 10만 개의 뇌세포가 죽는다. 여러분이 이 책을 읽고 있는 지금 이 순간에도 많은 수의 뇌세포가 죽어가고 있다. 얼마나 끔찍한 일인가. 그런데 왜 지금 아무 문제도 일어나지 않을까? 그것은 뇌세포들이 서로 연결되어 있기 때문이다. 그래서 세포 하나가 죽는다고 해서 당장 문제가 드러나지는 않는다. 서로 연결되어 있는 나머지 세포들이 열심히 일을 하면 뇌의 기능은 어느 정도 유지된다.

하지만 서로 연결되어 있더라도 일정 부위의 세포들이

모두 죽게 되면 이야기는 달라진다. 그때는 두드러진 증상이 나타나면서 문제를 일으킨다. 사람마다 차이가 있기는 하지만 어느 정도 나이가 들면 예외 없이 인지 기능이 저하되고 기억력도 떨어진다. 이뿐만 아니라 모든 기능이 저하되어 결국에는 죽음에 이른다. 하지만 관리를 잘하면 그 노화의 속도를 늦출 수 있고, 건강한 삶을 유지할 수 있다.

어차피 나이가 들면서 노화로 인해 뇌세포가 죽을 수밖에 없는데 거기다 마약류까지 남용하면 뇌는 더 빠른 속도로 파괴되어 나이와 상관없이 심각한 문제가 발생한다.

3장
뇌를 파괴하는 악마의 약물

넘치거나 혹은 부족하거나

뇌가 어떻게 일하는지를 알아두면 중독에 대해 조금 더 잘 이해할 수 있다. 뇌세포가 서로 연결된 부위를 확대해 보면 세포와 세포가 서로 붙어 있는 게 아니라 떨어져 있는 것을 알 수 있는데, 떨어져 있는 이 부위를 시냅스synapse라고 한다. 이 시냅스는 전세포와 다음 세포 사이에서 연결고리 역할을 한다.

우리의 뇌는 전세포에 자극이 들어오면 신경 전달 물질이라는 화학물질이 분비되고, 이 물질이 시냅스를 통해 다음 세포인 수용체receptor에 딱 달라붙는다. 그러면 거기서 화학적 변화가 일어난다.

그렇게 정보를 전달하고 나면 업테이크 펌프가 다시 흡수해 재활용한다. 신경 전달 물질도 수명이 있어서 그 수명이 다하면 사라지게 되고, 그 부족해진 수만큼 다시 만들어 사용한다. 이렇게 사용하고 재활용하고 다시 공급해 주는 과정이 원활하게 돌아가면 뇌 기능이 정상적으로 작동하고 있다고 볼 수 있다. 그렇지 않고 이런 과정에 문제가 생기면 뇌 기능에 이상이 생긴다.

신경 전달 물질의 종류는 아주 많다. 대표적으로 우리가 많이 알고 있는 도파민, 세로토닌, 엔도르핀, 아드레날린, 아세틸콜린 등이 있다. 이 중 중독과 가장 관련 깊은 물질이 바로 도파민이다. 도파민은 신경 말단에 저장되어 있다가 자극이 들어오면 시냅스로 배출된다. 그러면 수용체에 달라붙어 작용하고 난 뒤 업테이크 펌프를 통해 재흡수되고 수명이 다해 사라지면 모자란 만큼 또 보충하게 된다.

보상 회로에 도파민이 증가하면 기분이 좋아지는 경우를 예로 들어보자. 평소 보상 회로에 50개 정도 나오던 도파민이 섹스를 하자 300개 정도로 증가했다고 해보자. 그러면 그 사람은 그만큼 엄청난 쾌감을 느끼게 된다. 이를 바꿔 말하면 섹스를 해도 도파민이 생성되지 않으면 그 사람은 쾌감을 느끼지 못한다는 뜻이다.

마찬가지로 우리가 어떤 일을 했을 때 보람과 성취감과 뿌듯함을 느끼는 것은 그 순간 도파민이 300개 이상 생성되기 때문이다. 뜻밖으로 상여금을 많이 받아 가족들과 함께 외식을 하게 되었다고 해보자. 가족들이 맛있는 음식을 먹으며 즐거워하는 모습을 보면 그동안의 고생이 눈 녹듯 사라지면서 행복감을 느낀다. 그 순간 많은 양의 도파민이 생성되기 때문이다. 그런데 아무리 그런 상황에 놓여도 도파민이 생성되지 않으면 우리는 즐거움이나 쾌감, 행복감을 느끼지 못한다.

그러면 여기서 이런 궁금증이 생긴다. 행복감을 많이 느껴 계속해서 도파민을 사용한다면 어떻게 될까? 도파민이 점점 줄어들어 바닥이 날까? 하지만 정상적인 생활을 통해 느끼는 이런 긍정적인 감정들은 아무리 많이 사용해도 도파민이 부족해지지 않는다. 왜냐하면 도파민을 많이 사용하면 사용할수록 계속 많은 양을 만들어 공급해야 하다 보니 노하우가 생겨 더 잘 만들어내기 때문이다.

예를 들어 행복을 한 번 맛본 사람과 100번 맛본 사람을 비교했을 때 이후에 누가 더 행복을 더 쉽게 맛볼 수 있을까? 당연히 100번 맛본 사람이다. 그 사람은 도파민을 만드는 노하우를 가지고 있기 때문이다. 건강한 일상생활을 통해 느끼는 이런 좋은 감정들은 아무리 많이 느끼더라도 아무런 문제가 없고, 오히려 도파민을 더 잘 만들어 내는 노하우가 생긴다.

뇌세포의 파괴와 도파민 감소

마약류를 남용하는 이유는 어떻게든 기분이 좋아지기 위해서다. 그리고 기분이 좋다는 것은 곧 도파민이 다량 생성된다는 뜻이다. 시냅스 내에 도파민을 많이 만들어 사용하도록 하는 게 바로 마약류의 특징이다.

뇌를 자극하는 물질은 크게 각성제와 억제제로 나뉘며 이 둘은 서로 반대로 작용한다. 그런데 왜 둘 다 똑같이 도파민을 높이는 작용을 할까? 마약류에 따라 조금씩 차이가 있기는 하다. 필로폰 같은 각성제는 전세포를 자극해 도파민을 과량 분비하는 작용을 하고, 코카인은 업테이크 펌프를 막아 분비된 도파민이 재흡수되지 않게 되어 시냅스 내에 많아지게 하는 작용을 한다. 중추신경 억제제는 중간에 가바GABA, Gamma-Aminobutyric Acid라는 신경 전달 물질을 거치면서 역시 시냅스 내의 도파민을 높이는 작용을 한다. 그래서 마약류는 모두 도파민을 높이는 작용을 하는 것이다. 한마디로 마약류는 도파민을 과량 분비하도록 작용하는 약물이라고 할 수 있다.

예를 들어 한 사람의 전세포에 500개 정도의 도파민이 저장되어 있다고 해보자. 이 사람은 평상시에 아무리 기분이 좋아도 도파민이 300개 정도밖에 나오지 않았었다. 그런데 마약을 투여한 뒤로 500개의 도파민이 한꺼번에 쏟아져나왔다. 평소 느끼지 못한 강렬한 기분을 느끼게 되자 이 사람은 '아! 이게 뭐지? 너무 좋은데, 한 번 더 해볼까?' 하며 반복해서 약물을 투여하게 된다.

마약이 기분을 좋게 하는 것은 분명하다. 그렇지 않다면 왜 사람들이 불법인 줄 알면서도 굳이 마약을 하겠는가. 하지만 평소보다 도파민을 높여 기분을 좋게 하는 것만으로 끝난다면 마약이 전 세계적으로 심각한 문제가 되진 않앗을 것이다. 과도하게 도파민을 분비하는 작용만 하는 게 아니기 때문에 문제가 심각하다.

마약류는 과도하게 도파민을 분비해 기분을 좋게 하는 동시에 한편으로는 도파민을 만드는 과정을 파괴한다. 다시 말해 도파민을 만들지 못하도록 방해하면서 쌓여 있는 도파민을 밖으로 밀어내는 역할을 한다. 그러면 어떤 문제가 생길까?

예를 들어 처음 마약을 투여했을 때 500개의 도파민이 나왔다고 해보자. 그러면 500개를 썼으니 다시 500개의 도파민을 만들어야 한다. 그런데 파괴가 일어나 500개가 아닌 400개 정도의 도파민밖에 만들어 내지 못한다. 그러면 그 다음 마약을 투여했을 때 나오는 도파민이 500개가 아니라 400개로 떨어진다.

그렇게 되면 이전과 같은 효과를 느끼기 위해 마약의 양을 늘릴 수밖에 없다. 이것을 내성이라고 한다. 반복적으로 마약류를 투여하다 보면 점점 그 효과가 떨어지면서 사용하는 양이 많아질 수밖에 없다. 그러면 도파민 역시 반복적인 뇌세포의 파괴로 인해 300개에서 200개로, 200개에서 100개로 점점 더 줄어든다. 그러다가 말기쯤 되면 마약을 해도 뇌세포가 모두 파괴되어 더 이상 도파민이 나오지 않는다. 그렇게 도파민이 나오지 않으면 더 이상 쾌감을 느끼지 못해 마약을 할 필요가 없어진다. 그런데 문제는 중독이 되면 그래도 마약을 한다는 것이다. 우리로서는 쉽게 이해하기 어렵다. 쾌감도 없는데 왜 마약을 지속할까? 거기에는 나름의 이유가 있다.

마약을 지속하는 이유

도파민이 나오지 않아 쾌감을 느끼지 못하는데도 왜 마약을 지속할까?

첫 번째 이유는 처음 마약을 했을 때 500개의 도파민이 나왔던 그 순간의 기분을 잊을 수가 없기 때문이다. 그 느낌이 머릿속에 각인되어 평생 유지되다 보니 말기가 되어서도 그 기분을 잊지 못하는 것이다. 마약을 하겠다고 생각하는 순간부터 벌써 500개의 도파민이 나올 때의 그 쾌감에 대한 기대감에 가슴이 두근거리고 손이 떨리며 흥분 상태가 된다. 그런데 막상 하고 나면 아무런 느낌이 없다. 뇌가 파괴되어 도파민이 나오지 않기 때문이다. 말기 환자들은 마약을 하자마자 후회하고 울고, 그러면서도 또다시 마약을 하는 상황을 반복한다. 기분이 좋아지지도 않고 그렇게 후회가 된다면 안 하면 될 텐데, 혹시나 하는 기대감에 또다시 마약을 하는 것이다.

두 번째 이유는 쾌감을 느끼지 못한다는 것 자체를 잊기 위한 일종의 도피처로 사용하기 때문이다. 보람, 즐거움, 행복감 등의 감정을 느끼지 못하니 삶이 아무런 재미가 없고, 그런 상태에서 탈출하는 방법으로 다시 마약을 하는 것이다. 혹시나 기분이 좋아질지도 모른다는 기대감이 있으면 짧은 순간이나마 아무것도 느끼지 못한다는 사실을 잊을 수 있으니 강박적으로 사용하게 된다.

몇 날 며칠 PC방에서 살다시피 하며 게임에 매달려 있는 사람들을 흔히 'PC방 폐인'이라고 한다. 좋아서 취미로 하는 것이라면 이를 두고 굳이 '폐인'이라고 표현하진 않을 것이다. 그런데도 폐인이라고 표현하는 이유는 그들이 마냥 좋아서 그렇게 하고 있는 게 아니기 때문이다. 물론 처음에는 게임이 좋아서 시작했을 것이다. 점차 게임에 빠져 지내다 보니 일상생활이 망가질 만큼 도저히 수습할 수 없는 지경이 된다. 스스로 거기에서 벗어날 방법을 찾지 못하니까 그냥 포기하고 점점 더 게임에 집착한다. 현실을 외면한 채 게임 속으로 도망치는 것이다.

중독의 과정은 이렇게 다 똑같다. 도박이나 게임이나 약물이나 중독은 모두 일상생활이 힘들어지기 때문에 이런 현실에서 도피하기 위해 반복할 수밖에 없다. 중독자들은 본인이 중독이라는 사실을 인정하지 않기 때문에 자발적으로 치료받는 경우가 거의 없고 대부분 강제 치료를 받는다. 내가 치료하는 환자의 70%가 말기 중독자인데 신기하게도 이 말기 환자들은 자발적으로 나를 찾아온다. 그러고는 "제발 나 좀 살려주세요. 약 좀 끊게 도와주세요"라고 하며 매달린다.

그런데 문제는 안타깝게도 치료 시기가 너무 늦었다는 것이다. 말기 암 환자가 온몸에 암이 전이된 채 찾아온 것과 같다. 모든 것을 다 잃고 너무 늦은 시기에 후회하며 치료를 시작해 보지만 사실 회복이 어렵다. 모든 질환이 그렇듯이 중독 역시 치료 시기가 빠를수록 효과가 높다. 아예 약물 남용을 시작조차 하지 않는 게 가장 올바른 선택이지만 혹여라도 한두 번 손을 댔다면 당장이라도 중독이 얼마나 무서운 질병인지를 알아 재빨리 악마의 늪에서 빠져나올 수 있도록 치료를 받아야 한다.

우리는 본인이 암이 아니어도 이것이 얼마나 무서운 병인지를 아주 잘 안다. 다른 사람의 경험을 통해서든, 다양한 매체를 통해서든 초기에 치료하지 않고 그냥 두면 말기로 진행되어 사망에 이를 수 있다는 것을 우리는 아주 잘 알고 있다. 그래서 암에 걸리지 않기 위해 스스로 예방과 관리에 신경 쓴다. 음식도 조절하고, 제때 건강검진도 받고, 운동도 열심히 한다.

중독 역시 얼마나 무서운 병인지, 그리고 한 번만 해봤을 뿐인데 왜 중독이 되는지, 그 진행 과정이 얼마나 끔찍하고 참혹한지를 알아야 우리 스스로 예방할 수 있고, 또 초기에 적극적으로 치료를 시작할 수 있다. 무조건 나쁘니까 하지 말라, 위험하니까 하지 말라, 법에 어긋나니까 하지 말라는 식으로는 예방 효과를 거두기가 어렵다. 모든 중독은 불법이라는 것을 알고도 '한 번만 해보는 것은 괜찮겠지' 하는 생각에서 시작하는 것이기 때문에 왜 한 번만 해보려고 했는데 반복할 수밖에 없는지, 얼마나 끔찍한 결과를 초래하는 질병인지를 알려주는 게 더 중요하다.

누가 더 쉽게 중독될까

|

말기 중독자들은 어떤 특징을 가지고 있을까? 대개가 40대에서 70대 사이이며 약물 남용 경력도 10년에서부터 30~40년씩 되는 사람들이며 여러 개의 전과를 가지고 있다.

원숭이를 대상으로 실험한 연구가 있다.* 20마리의 원숭이를 대상으로 처음에는 원숭이 혼자 지내도록 하면서 뇌를 촬영해 도파민 활성도를 검사했다. 일정 시간이 흐른 뒤 네 마리씩 집단을 만들어 생활하도록 했다. 그러자 힘이 센 원숭이가 두목이 되고 힘이 약한 원숭이들은 그 두목을 따르는 부하가 되었다. 이들의 뇌를 촬영해 혼자 생활할 때의 뇌 사진과 비교했다. 그러자 흥미로운 결과나 나타났다.

먼저 두목 원숭이의 뇌 사진을 비교하자 혼자 생활할 때보다 집단으로 생활할 때 보상 회로에 더 많은 양의 도파민이 증가한 것을 알 수 있었다. 부하들이 생기고 권력을 행사하면서 도파민이 증가해 기분이 좋아진 것이다. 이번에는

———————

* Nature Neuroscience. 2002; 5(2):169-174.

부하 원숭이들의 뇌 사진을 비교해 보았다. 그러자 놀랍게도 두목의 뇌 사진과는 정반대의 결과가 나왔다. 이들은 혼자 생활할 때보다 집단으로 생활할 때 오히려 도파민의 양이 떨어졌다. 두목이 생기면서 스트레스를 받아 도파민 양이 줄어들고 기분도 나빠진 것이다.

이런 상태에서 앞에서 예로 든 쥐의 실험처럼 부하 원숭이에게 코카인을 투여했다. 그러자 코카인으로 인해 기분이 좋아지는 경험을 한 부하 원숭이는 거기에서 그치지 않고 반복적으로 레버를 눌러 코카인에 중독되었다. 그런데 놀랍게도 두목 원숭이는 같은 실험에서 코카인을 한 번 경험하고도 부하 원숭이처럼 심하게 중독되지는 않았다.

왜 이런 차이가 나타났을까? 부하 원숭이는 두목의 스트레스 때문에 평상시보다 도파민이 떨어져 있었고, 그런 상태에서 우연히 마약을 한 번 경험하자 심장이 꽝 뛰면서 엄청난 쾌감을 느낀 것이다. 격차가 클수록 더 큰 쾌감을 느껴 더 심각한 중독 상황에 내몰리기 때문이다. 하지만 두목 원숭이는 이미 권력을 행사하면서 도파민이 정상치보다 높아져 있었기 때문에 마약을 경험해도 기분이 크게 달라지지 않은 것이다.

사람의 경우도 부하 원숭이처럼 평소에 여러 부분에서 스트레스가 많아 보상 회로에 도파민이 떨어져 있는 사람은 중독이 쉽게 된다. 도파민이 떨어져 있는 상태에서 어떤 계기로든 마약을 한 번 하면 아주 새롭고 강력한 기분을 경험하게 되고, 그 강렬한 기분을 계속 느끼고 싶어 반복적으로 마약을 하게 되는 것이다. 바로 여기에 치료의 방법이 존재한다. 부하 원숭이를 두목 원숭이의 상태로 만들어 주면 되는 것이다. 치료를 통해 두목 원숭이처럼 건강한 생활을 하도록 도와주면 된다.

　15년 동안 5,000번 이상 필로폰을 남용하다가 최근 1년 동안 완전히 끊은 사람의 뇌와 최근 1년 동안 200번 이상 필로폰을 남용한 사람의 뇌를 촬영해 도파민의 활성도를 비교해 보았다. 최근 1년 동안 집중적으로 필로폰을 남용한 사람의 뇌는 도파민이 모두 고갈되어 재발의 위험성이 매우 높았다. 반면 오랜 시간 동안 필로폰을 남용해 왔으나 최근 1년 동안 완전히 끊었던 사람의 뇌는 어느 정도 회복되어 도파민이 증가한 것을 알 수 있었다.

　이 비교 결과는 일정 기간 완전하게 단약을 유지하면 도파민이 어느 정도 회복되어 일상생활에서 즐거움이나 기쁨 등의 감정을 느낄 수 있게 되어 재발의 위험성이 훨씬 줄어든다는 것을 말해준다. 최소 1년에서 2년은 완전히 끊어야 뇌가 회복이 가능하다. 물론 그 기간을 견디기가 쉽지 않겠지만 자신을 죽음으로 내모는 것보다는 훨씬 가치 있는 일일 것이다.

중독은 1년 안에 재발하는 경우가 가장 많은데, 무려 87.5%나 된다. 이 말은 1년만 참고 견디며 완전히 끊으면 재발 확률이 현저하게 줄어든다는 것을 의미한다. 산술적으로도 12.5%밖에 되지 않는다. 그래서 최소한 1년 이상은 집중적인 치료가 필요하다. 이때가 제일 재발의 위험성이 높기 때문에 이 시기에 수단과 방법을 가리지 않고 적극적으로, 그리고 집중적으로 치료하면 얼마든지 회복 가능성이 높아진다.

4장
중독, 얼마나 더 망가져야 끝이 날까

100배나 높아지는 사망률

우리나라에서 가장 많이 남용되는 마약류는 메스암페타민이다. 메스암페타민은 암페타민의 유도체로 중추신경을 흥분시키는 약이며, 우리가 흔히 알고 있는 필로폰이 이 메스암페타민의 상품명이다. 이 약물은 사람의 온몸 구석구석영향을 끼치지 않는 곳이 없으며, 그에 따른 장단기적 피해가 매우 다양하게 나타난다. 간이나 신장이 나빠지는 것은 물론이고 간질, 발작, 공황장애, 언어 능력 저하, 조현병이 나타나기도 하고 사망에 이르는 경우도 허다하다.

가장 흔하게 나타나는 부작용의 특징 중 하나는 메스 마우스meth mouse다. 메스암페타민과 마우스의 합성어로, 치아가 검게 변하고 쉽게 부러지거나 빠지며 심한 충치와 잇몸 질환이 나타난다. 내가 담당하고 있는 말기 중독 환자 중에 이가 남아 있는 사람이 한 명도 없다.

메스 버그meth bug 역시 흔하게 나타나는 특징 중 하나다. 메스 버그는 환각으로 인해 마치 자신의 피부에 벌레가 기어다니는 것처럼 느껴져 가려움증이 동반되고 이를 과하게 긁어 피부에 염증이 생기거나 흉터가 남는 것을 말한다. 몇 년 전 한 남자 연예인이 마약 사건으로 떠들썩할 때 인터넷상에서 염증이 생긴 그의 다리 사진을 두고 메스 버그가 아니냐며 엄청 화제가 된 적이 있었다. 이 증상은 코카인에 오랫동안 중독된 사람에게서도 나타나며, 알코올 중독 환자들에게서 가장 흔하게 나타나는 금단 증상이기도 하다.

알코올 중독 환자의 대표적인 금단 증상은 섬망이다. 섬망은 의식이 흐려지고 착각이나 망상, 언어장애와 행동장애 등이 동반된다. 특히 환시로 인해 자신의 팔다리에 까만 벌레가 달라붙어 피를 빠는 것 같은 착각을 일으키며, 그것을 떼어내려는 행위를 반복한다. 심하면 칼로 자신의 몸이나 바닥을 긁기도 한다. 그러다가도 술을 반 병 정도 마시면 그런 증세가 싹 사라지는데, 알코올 기운이 떨어지면 다시 나타나기를 반복한다. 이런 현상을 겪어본 사람은 그 순간이 너무 두려워 스스로 입원하기도 하는데, 입원하는 순간에도 술을 마신다. 금단 증세가 나타날까 봐 두려워서다.

필로폰을 남용하는 사람들의 뇌를 촬영해 살펴보면 가장 많이 파괴되는 부위가 변연계다. 변연계는 뇌의 중심부에 위치하며 감정과 동기, 기억, 학습 등의 기능을 조절하는 데 아주 중요한 역할을 하는 뇌의 구조적 네트워크다. 전혀 그렇지 않던 사람도 약물 중독으로 인해 이 기능이 파괴되면 전혀 다른 사람처럼 변한다. 별일 아닌 것에도 쉽게 흥분하고 화를 참지 못하는 분노조절장애가 생긴다. 감정 조절이 되지 않아 조금만 우울해도 죽고 싶은 충동이 생기며, 충동과 공격성이 나타난다. 역설적이게도 기분이 좋아지려고 마약을 했는데 그 마약이 보상 회로를 망가뜨리는 결과를 낳는 것이다.

처음부터 그럴 거라고는 예상하지 못했을 것이다. 누가 알려주지도 않았고 어디서 배운 적도 없으니 아무 생각 없이 덜컥 약물에 손을 댔다가 돌이킬 수 없는 상황까지 가게 된다. 문제는 몸과 뇌가 다 망가진 뒤에야 이런 사실을 깨닫는 것이다. 망가지기 전에 알았다면 어떻게든 대비했을 텐데 말이다.

사마귀의 짝짓기는 아주 특이해서 한 번쯤 들어봤을 것이다. 사마귀는 짝짓기하는 동안 암컷이 수컷의 머리부터 통째로 잡아먹기 시작한다. 수컷은 머리가 잘려 나가는데도 오랫동안 격렬하게 짝짓기를 한다. 중독 역시 이와 똑같다. 순간의 기분에 빠져 평생 즐거움을 포기하고 살아가야 하는 오류를 범하면서도 정작 자신은 깨닫지 못한다. '바보 같은 사람이나 그런 거지, 나는 절대 안 그래'라고 자신하지만 누구도 예외는 없다. 모든 중독자가 다 그런 생각으로 시작했다가 자기도 모르는 사이에 인생을 망친다.

외국에는 교도소에 수감 중인 범죄자 중에 헤로인 중독자가 많다. 헤로인 남용으로 수감된 게 아니라 다른 범죄로 수감되었는데 알고 보니 헤로인 중독자인 경우다. 1962년부터 1964년까지 범죄자 강제 치료 프로그램에 입소한 약 600명의 헤로인 중독자를 33년간 추적 관찰했다. 같은 연령대의 일반인과 비교한 결과 50~100배 정도인 거의 절반이 사망했다. 아직 살아 있는 나머지 사람들 역시 건강이 좋지 않거나 범죄행위로 구속된 경우가 많았다. 가장 흔한 사망 원인은 약물 과다 복용이거나 중독이었다. 중추신경 억제제는 과다 복용하면 사망에 이른다. 살해, 자살, 사고, 간질환, 암, 심혈관 질환 등이 흔하게 나타났다.*

중독자들의 20~30%가 결국 자살로 생을 마감한다. 나에게 치료받던 한 환자는 아내의 권유로 치료를 시작했다. 일주일에 한 번씩 내원해 진료받으며 성공적으로 치료가 진행되고 있었다. 그러다가 두 달 만에 다시 '딱 한 번만'이라며 마약에 손을 댔고 부인에게 이 사실을 들키고 말았다. 부인과 심하게 다투고 집을 나간 뒤 그는 산에 올라가 스스로 목을 맸다.

중독의 또 다른 폐해는 간이 나빠진다는 점이다. 같은 주사기를 돌려쓰는 경우가 많기 때문이다. 국립부곡병원에서 일할 당시 필로폰으로 입원해 치료받은 환자의 62.5%가 C형 간염이었다. 일반인은 0.6%도 안 걸리는 병이지만 중독 환자들에게서는 100배가 넘게 나타났다. 간이 나빠지고

---

* Arch Gen Psychiatry. 2001 May; 58(5):503-8.

여러 가지 질병이 생기면 간암으로 확대되는 경우가 많다. 또한 심근경색이나 뇌경색 같은 심혈관 질환으로 인한 사망률도 높아진다.

하지만 사망률보다 더 큰 문제는 재발률이다. 헤로인 중독의 경우, 최소 5년 이상 자제했을 때만이 '이제 끊었다'라고 할 수 있지만, 15년간 자제를 한 집단에서도 4분의 1이 어떤 식으로든 다시 약물을 사용했다는 점에서는 마약 중독의 진정한 속성을 엿볼 수 있다. 따라서 중독 치료 프로그램을 시행할 때는 반드시 재발 가능성을 염두에 두어야 한다.

'도리도리'에서 살인까지

각성제 중 하나인 엑스터시는 흔히 '도리도리'라고 불린다. 이 약을 복용한 젊은이들이 클럽에서 계속 머리를 좌우로 흔들며 춤을 춘 것에서 붙여진 이름이다. 각성제를 복용하면 피로감을 느끼지 못하고 시간관념이 없어지며, 잠도 오지 않고 배가 고픈 것도 느끼지 못한다. 약에 취해 그런 상태에서 그냥 열심히 춤을 추는 것이다. 보통 사람들은 30분에서 한 시간 정도 춤을 추면 지쳐서 잠시 쉬어야 하지만 약에 취하면 몇 시간이고 쉬지 않고 춤을 춘다.

이 약에는 여러 가지 다양한 약물이 섞여 있는데 불법이다 보니 각각의 성분명이 표기되어 있을 리 없다. 그래서 얼마나 독한 약물이 함유되어 있는지 모른 채 복용하다가 사망에 이르는 사람도 있고, 오랫동안 깨어 있는 채로 과도하게 움직여 탈진으로 사망하는 사람도 있다.

엑스터시를 복용하고 2주 뒤 뇌 혈류량을 확인하자 뇌 혈류가 거의 보이지 않을 정도로 감소했다. 뇌 혈류량을 보면 뇌의 기능을 알 수 있는데, 뇌에 혈류가 거의 없다는 것은 뇌의 기능이 완전히 떨어져 있다는 것을 의미한다. 우리 몸은 일을 많이 하는 곳으로 피가 몰리게 되어 있다.

원숭이에게 엑스터시를 투여하고 2주 뒤에 정상적인 원숭이의 뇌와 비교한 실험이 있었다. 그러자 정상적인 원숭이의 뇌에는 세로토닌이 꽉 차 있는 반면, 엑스터시를 복용한 원숭이의 뇌에는 세로토닌이 모두 사라지고 없었다. 더 놀라운 것은 엑스터시를 복용한 이 원숭이의 뇌는 7년 뒤에도 이전과 같은 상태로 회복되지 않았다.*

코카인 역시 남용한 사람의 뇌 당대사PET 검사를 해보면 일반인에 비해 뇌 기능이 많이 떨어져 있는데 특히 전두 엽 기능이 그렇다. 대마도 마찬가지다. 담배처럼 말아 피우 니까 그 심각성을 담배 수준으로 생각하는데 그것은 착각 이다. 대마에는 담배에는 들어 있지 않은 환각 성분인 THC 가 들어 있다. 결코 담배 수준의 약물이 아니다.

미국에서는 대마가 의료용으로 쓰이거나 합법화인 주 가 늘고 있다. 하지만 그에 따른 사고가 많아지자 다시 규제 에 대한 움직임이 일어나고 있다. 원래 의료용 대마는 만성 질환이나 난치성 질환을 진단받은 사람만 카드를 발급해 처방받을 수 있다. 이것을 처방받아 다른 사람한테 주거나 팔면 불법이다. 그런데 전화만으로도 처방이 나와 누구든 쉽게 구할 수 있다. 그야말로 눈 가리고 아웅인 식이다. 대놓 고 대마를 할 사람은 의료용으로 하라는 것과 다르지 않다.

대마의 부작용에 대해 이야기하는 사람들이 많지 않은 데, 대마도 엄연히 뇌나 전신에 영향을 주는 위험한 부작용 이 따른다. 나에게 치료받는 대마 환자는 둘로 나뉜다. 대마 를 너무 심하게 해서 정신병적 상태로 오는 경우와 불법적

---

* Hatzidimitriou G, et al. J Neurosci Off Neurosci. 1999.

으로 남용하다 검거되어 온 경우다. 대마로 인해 해마가 파괴되면 기억력에 장애가 생긴다.

강력한 환각제 중 하나인 LSDLysergic Acid Diethylamide는 알약도 있지만 주로 혀에 붙여 녹여 먹는 필름 형태가 많다. 5년 전 스무 살인 지방의 한 학생이 처음으로 LSD를 복용했는데 과량이었다. 이 학생은 급성 정신병적 상태가 되었는데 특히 카그라스 증후군capgras syndrome이 나타났다. 카그라 증후군은 자신과 가까운 사람이나 사물이 생김새만 같은 전혀 다른 것으로 바뀌었다고 믿는 망상적 정신 질환이다.

이 학생은 자기 가족이 진짜가 아니라 자기를 죽이려고 다른 사람들이 위장한 거라고 생각했다. 자기 집에 이모가 놀러 왔는데 이모가 아니라 자기를 죽이려고 위장한 사람이라고 생각했다. 이모뿐만 아니라 자기의 부모도 자신을 위협하는 가짜라고 판단한 그는 그대로 있다가는 도망도 못 가고 죽을 것 같아 자기가 먼저 상대를 공격했다. 부엌칼을 가져와 엄마와 이모를 찔러 살해했다. 아빠는 도망쳐 다행히 목숨을 구했다. 이 얼마나 끔찍한 일인가. 태어나 처음으로 딱 한 번 복용했는데 가족 살해라는 이런 끔찍한 일을 저지르는 지경에 이른 것이다.

코카인보다 더 무서운 유해 화학 물질

현대 사회에서 일어나고 있는 안타까운 범죄 중 하나가 데이트 강간이나 성폭행이다. 이때 사용되는 약물이 주로 '물뽕'이라 불리는 GHBGamma Hydroxy Butyrate, 마취제인 케타민ketamine, 수면제인 로힙놀rohypnol 등이다. 상대방 몰래 약을 먹여 정신을 잃게 한 뒤 성폭행 등의 범죄행위를 저지르는 것이다.

오늘날 문제가 되는 약물 중 하나는 마취제인 프로포폴이다. 우리가 생각하는 것 이상으로 엄청나게 많은 사람들이 이 약물에 의존해 있다. 주사 후 5~10초 뒤 마취 상태가 되는데 이때는 대화가 불가능하다. 투약이 끝나면 깨어나는데 이후 2~3시간 정도 우울감을 느끼지 않아 피로 회복제로 통한다. 미다졸람midazolam도 수면 내시경을 할 때 주로 사용하는 마취제다. 가수면 상태를 유지하는데 이때 대화도 가능하지만 깨어나면 기억하지 못한다. 이 약물에 중독된 사람이 약을 구할 수 없자 3년 동안 수면 내시경을 250번이나 한 경우도 있다.

최근 들어 미국의 청소년들 사이에서 유해 화학 물질 흡입이 유행처럼 번지고 있다. 그중 하나가 먼지 제거 스프레이로 이용되는 LPG(액화석유가스)다. 이 스프레이를 흡입한 청소년들이 그것을 또 인터넷에 올리면서 빠르게 확산하고 있다. 게다가 싼 값에 구매할 수 있기 때문에 접근이 쉽다. 우리나라 돈으로 2,000원이면 사는 이 스프레이는 마약보다 중독성이 세 배나 강하다.

국립부곡병원에서 본드를 흡입한 환자의 뇌를 촬영한 결과 뇌의 손상이 매우 심각하다는 사실을 알아냈다. 그 원인이 본드에 들어 있는 유해 화학 물질인 솔벤트solvent 남용이었다. 유해 화학 물질을 사용한 사람의 뇌는 정상인의 뇌에 비해 심하게 쭈그러져 있다. 유해 화학 물질은 뇌세포 안에 있는 지방질을 다 녹여 뇌세포를 죽게 한다. 그러면 뇌가 위축되면서 뇌실이 넓어지고 쭈글쭈글해진다.

코카인을 사용한 사람의 뇌와 본드를 흡입한 사람의 뇌를 비교해 보았더니 본드를 흡입한 사람의 뇌가 부위에 따라 2~10배 더 많이 파괴되어 있었다. 유해 화학 물질로 인한 뇌의 손상이 얼마나 심각한지를 알 수 있다. 강력한 마약이라고 하는 코카인보다 더 무서운 게 유해 화학 물질이다. 특히 본드나 부탄가스, 스프레이 등의 휘발성 물질들은

뇌를 파괴하는 정도가 매우 크다. 뇌 손상뿐만 아니라 질식
이나 화상 등으로 사망에 이르는 경우도 허다하다.

구글에서 제공한 미국 내 청장년층의 사망 원인과 그
수를 살펴보면 교통사고, 자살, 총기사고에 비해 좀비 마약
으로 유명한 펜타닐 남용으로 사망한 수가 훨씬 많다.

중독은 과연 치료가 가능할까

|

상상할 수도 없을 정도의 끔찍하고 처참한 상황으로 내몰
리면서도 왜 마약류 투여를 반복할까? 강렬하게 각인된 기
억 때문이다.

코카인 중독자에게 두 편의 영상을 보여주면서 뇌 사진
을 촬영했다. 하나는 자연을 담은 영상이고 하나는 코카인
영상이다. 두 개의 뇌 사진을 비교하자 자연 영상을 볼 때와
다르게 코카인 영상을 볼 때 뇌의 기억 장치가 반짝반짝 빛
이 났다. 그럴 정도로 코카인에 대한 기억이 강렬하다 보니
그 약과 관련된 자극이 들어오면 기억 장치가 반응하는 것
이다. *

기억이 나는 것만으로 끝나면 좋으련만 문제는 몸에 변화가 일어난다는 점이다. 코카인을 기억하는 것만으로도 도파민이 증가하기 때문이다. 도파민이 증가해 몸이 흥분하기 시작하면 더욱 강렬한 느낌을 갖기 위해 안달이 나고 결국 다시 약을 사용하게 된다. 실제로 내가 치료하는 환자들의 말을 들어보면 한번 약이 생각나면 거의 미칠 지경이 되어 어떻게든 약을 구하려고 별 방법을 다 쓰게 된다는 것이다. 마약 중독은 이렇게 기억하는 것만으로도 도파민이 증가하기 때문에 쉽게 재발한다.

1~2년 정도 약을 끊으면 뇌가 회복되는데, 교도소에서 수감생활을 한 사람들은 약을 하지 않아도 뇌가 회복되지 않는다. 그 이유는 약이 없으니까 그 대신 '말뽕'이라는 것을 하기 때문이다. 말뽕은 말로 하는 마약을 뜻한다. 약이 없으니까 예전에 마약하던 이야기를 하면서 계속해서 서로 자극을 주고받는데, 이때 도파민이 증가하게 되고 그것을 즐기는 것이다. 그래서 치료를 위한 노력을 해야 좋아지지 1~2년 수감생활을 하는 것만으로는 좋아지지 않는다. 좋아

---

*   Am. J. Psychiatry, 1999. 156:11-18.

지기는커녕 오히려 재발 연습만 하는 격이다.

중독을 치료한다는 것은 한마디로 반응을 바꾸는 것이다. 예를 들어 그동안 마약류가 꿀물이라고 생각하고 계속해 왔다면 이제는 그것을 똥물이라고 바꿔 생각하는 것이다. 그러면 마약이 생각나도 꿀물이 아니라 똥물이 먼저 떠올라 도파민이 증가하지 않는다. 암을 앓고 있지 않아도 그에 대한 정보를 많이 접하다 보니 그 심각성을 잘 알고 미리 예방하고 관리하는 것처럼, 중독에 대해서도 의학적이거나 현실적인 부분을 잘 알고 있으면 예방과 치료가 가능하다.

많은 사람이 "마약을 어떻게 끊어요?"라고 되묻는다. 하지만 실제로는 마약을 끊는 사람들이 많다. 못 끊는다고 생각하는 것은 끊은 사람들을 본 적이 없기 때문이다. 교도소에도 재발하는 사람, 병원에 가도 재발하는 사람, 그리고 주변에도 끊지 못하고 지속하는 사람만 있으니까 못 끊는다고 느끼는 것이다. 하지만 수많은 사람이 실제로 약물을 끊고 정상적인 삶을 살고 있다. 중독은 꾸준히 치료만 잘 받으면 얼마든지 회복할 수 있는 질병이다. 다만 가급적 빠른 시기에 치료를 시작해야 효과가 높고, 늦으면 늦을수록 효과가 떨어진다.

정리하면, 중독은 질병이다. 만성 질환이기 때문에 평생 재발하지 않도록 관리해야 한다. 재발이 쉽게 일어나는 이유는 강렬한 경험의 기억과 관련이 있다. 하지만 마약류는 기분만 좋게 하는 게 아니라 보상 회로를 파괴해 오히려 약물 남용을 반복하는 악순환에 빠지게 한다. 중독의 메커니즘을 제대로 이해하면 예방 효과는 물론이고 치료 효과도 높일 수 있다.

중독은 그 횟수에 따라 중독이냐 아니냐를 따지지 않는다. 횟수나 양이 중요한 게 아니다. 한 번이라도 그 강렬한 기분을 맛보면 그 순간 이미 중독된 거라고 봐야 한다. 가장 중요한 것은 아예 시작조차 하지 않는 것이다.

3부

끊을 수 있는
중독의 고리

재활과 치료

중독을 치료하기 위해서는 스스로 중독임을 인정하고
그로 인해 자신의 삶은 물론이고 가족의 삶까지 망가뜨린
주범이 바로 자기 자신이라는 사실을 직면해야 한다.
중독은 마음만 굳게 먹는다고 치료할 수 있는 병이 아니다.
법적인 처벌만으로 끊을 수 있는 것도 아니다.
치료자들의 도움을 받아 꾸준히 관리하고
재발을 예방해야 하는 병이다.

1장
국가 시스템은 제대로 작동하고 있을까

예방과 치료를 위한 지피지기

앞서 1부와 2부에서는 마약류 중독의 실태와 제도, 그리고 마약류 중독의 진행 과정과 그에 따른 폐해에 대해 살펴봤다. 3부에서는 중독이라는 질환을 어떻게 치료하고, 또 어떻게 재발을 예방할 수 있는지에 대해 구체적으로 알아보도록 하겠다.

앞에서도 이미 중독의 실체에 대해 잠시 언급한 바 있다. 중독은 그 현상의 발생과 증상에 있어서 유전적·정신사회적·환경적 영향을 받는 1차 질병이며, 치명적 위험을 유발하는 만성 질환이다. 그리고 여기에 뇌 질환이라는 개념이 추가되었다.

특히 중독은 유전적인 요소의 영향을 받는다. 알코올 중독자를 대상으로 연구한 결과 부모 중 한 명이 알코올 중독이면 그 자녀가 알코올 중독이 될 위험성이 그렇지 않은 경우에 비해 네 배나 높았다.

예를 들어 알코올 중독자인 아버지 밑에서 자라며 그로 인한 굉장한 고통과 어려움을 겪은 자녀들이 있다고 해보자. 이들은 자라면서 십중팔구 '나는 절대 아버지처럼 술을 먹지 않을 거야!'라고 다짐했을 것이다. 하지만 그렇게 다짐해도 이들이 결국 알코올 중독자가 될 확률은 네 배 이상 높다. 그만큼 유전적으로 그리고 사회 환경적인 요소에 영향을 받는다는 뜻이다. 주변에 그런 사람들이 많으면 나 역시 그만큼 위험해진다.

그래서 중독을 1차 질병이라고 한다. 흔히 불안하거나 우울한 마음 상태에서 벗어나기 위해 약물을 사용하다 보니 중독이 되는 거라고 이해해 이를 2차 질병이라고 생각하기 쉽다. 하지만 중독 자체가 근본적인 질병의 형태를 가지고 있기 때문에 누구나 걸릴 수 있는 1차 질병이다. 그리고 방치하면 점점 진행이 심해져 결국 사망에 이르는 치명적인 질병이다.

질병의 특징은 자신의 의지와 상관없이 생긴다는 점이다. 병에 걸리고 싶다고 마음먹는다고 해서 병에 걸릴 수 있는 것도 아니고, 반대로 이미 병이 생겼는데 '다 없어져라' 하고 마음먹는다고 해서 병이 사라지는 것도 아니다. 질병은 자기 의지와 상관없이 생기고, 일단 생기면 즉시 적극적으로 치료받아야 한다. 물론 병이 생기면 일단 낫고자 하는 본인의 강한 의지가 중요한 것은 맞다. 하지만 그런 마음만으로 병을 치료할 수 있는 것은 아니라는 뜻이다.

일반 사람들은 물론이고 의료진 중에도 중독을 질병이라고 생각하지 않는 경우가 많다. 그러면서 "마음만 단단히 먹으면 끊을 수 있어요. 마음이 약해서 못 끊는 거예요"라고 비난한다. 이뿐만 아니라 법적으로 강력하게 처벌하면 끊을 수 있다고 생각하는 사람들도 많다. 중독이 그렇게 처벌하고 가둔다고 해서 끊을 수 있는 거라면 얼마나 좋겠는가. 오히려 수감생활을 하면서 더 다양한 범죄행위를 배워서 나오는 경우가 허다하다.

전 세계적으로 중독을 법으로 다스려봤지만 모두 실패

했다. 그 이후로는 중독을 질병으로 분류해 치료하는 쪽으로 시스템을 갖춰나가고 있다. 우리나라도 지난해에 마약과의 전쟁을 선언하면서 중독의 치료 재활에 대해 언급했다. 이전까지는 정부에서 치료 재활에 대해 크게 관심이 없었다. 그래서 이번 기회를 통해 독자들에게 중독이 어떤 질병이며, 어떻게 치료할 수 있는지 등에 대해 자세히 알려줄 필요가 있다.

불법이니까, 위험하니까 하지 말라고 아무리 이야기해도 그 효과는 매우 미미하다. 불법이고 위험하다는 것을 알면서도 멈추지 못하고 계속하는 게 중독이다. 그렇기 때문에 우리가 암에 대해 어느 정도 정보를 가지고 있고, 또 그런 만큼 예방과 치료에 적극적인 것처럼 중독이 어떤 질병인지, 왜 반복되는지, 얼마나 처참하게 사망에 이르는지 등에 대해 자세히 알아두면 좀 더 적극적으로 경계하고 예방하고 치료하려는 노력을 기울일 수 있을 것이다.

중독을 치료하려면 우선 중독이 어떤 질병인지를 알아야 한다. 중독의 특징 중 하나는 만성 질환이라는 점이다. 만성 질환은 당뇨나 고혈압처럼 완치되는 병이 아니고 평생 관리하는 병이라는 뜻이다. 예를 들어 맹장염 같은 병은 그 원인이 분명하기 때문에 맹장을 떼어내는 수술만 하면 완치된다. 하지만 만성 질환은 그럴 수 있는 병이 아니다. 치료를 하더라도 꾸준히 관리하지 않으면 재발하는 특징이 있다. '한 번 중독자는 영원한 중독자'라는 말이 괜히 생긴 게 아니다. 불치병이라서가 아니라 재발의 위험성이 그만큼 높기 때문이다. 그래서 중독은 꾸준히 관리함으로써 재발을 예방하는 게 치료의 목적이다.

또 다른 특징은 뇌 질환이라는 점이다. 약물을 남용하면 뇌에 변화가 오기 때문에 의지와 상관없이 반복하게 되는 특징을 가지고 있다.

미국과 유럽의 치료 시설

전 세계적으로 마약 문제가 심각한 나라 중 하나가 미국이다. 인구도 많은 만큼 마약에 노출되어 있는 사람의 수도 어마어마하다. 불법인 줄 알면서도 약물 남용의 평생 유병률이 50.1%다. 이 말은 평생에 한 번이라도 약물을 남용한 사람이 두 명 중 한 명꼴이라는 뜻이다. 그중 한 달 이내에 약물을 남용한 사람은 2018년 기준 5,300만 명에 이르며, 그 중 4,200만 명이 대마를 남용한 경우다. 대마를 합법화한 주들이 생기면서 그 수가 급격히 늘어났다.

고등학교를 졸업하는 학생들을 대상으로 조사한 결과 네 명 중 한 명이 각종 불법 약물을 남용하고 있는 것으로 나타났다. 5,300만 명이나 되는 약물 남용자 중 대다수가 10대 후반에서 20대 초반이다. 우리나라 또한 불법 약물 남용자의 나이대가 점점 저연령화되면서 심각한 사회 문제로 대두되고 있다.

이렇게 많은 수의 약물 중독자들을 치료하고, 마약류 사범을 단속하려면 그에 따른 많은 예산이 필요하다. 올해 미국의 약물 남용 관련 예산이 연 460억 달러다. 우리나라 돈으로 대략 65조 정도 되는 큰 금액이다. 이중 치료와 예방에 사용하는 비용이 56%이고, 나머지는 단속에 사용하는 비용이다. 이 수치는 곧 단속보다 치료와 예방을 더 중요시하고 있다는 것을 시사한다.

지금 미국 교도소에는 단순 투약자들을 수감하고 있지 않다. 그 많은 수의 사람들을 무슨 수로 단속하고 처벌할 수 있겠는가. 단순 투약자들은 그냥 둘 수밖에 없고, 교도소에는 중범죄자들이 구속되어 있다. 교도소 재소자 중에는 다른 범죄로 처벌되었는데 조사해 보니 불법 약물과 관련해 있는 경우가 56%나 된다. 그렇다 보니 미국 교도소에는 중독을 치료하는 시설이 함께 갖춰져 있다.

예를 들어 한 2,000~3,000명 정도를 수용하는 교도소의 경우 그 안에 300명 정도를 치료할 수 있는 시설이 갖춰져 있다. 수감 중인 죄수들을 상대로 중독 치료가 필요하면 언제든 자발적으로 요청하도록 홍보한다. 그렇게 해서 치료를 받으러 오면 그곳에서 격리 치료한다. 시설도 훌륭해서 교도소가 여관 수준이라면 이 치료 시설은 호텔 수준으로 깨끗하고 쾌적하다. 그리고 교도소 내와 달리 폭력도 없고 마약도 없고 술도 없기 때문에 매우 안전하다. 또한 교도소와 달리 인권이 보장되기도 한다.

다만 이곳에서 제대로 치료받기 위해서는 몇 가지 조건이 있다. 이곳의 규정과 규칙을 철저하게 지켜야 한다. 만약에 조금이라도 어기면 바로 쫓겨난다. 그러면 남은 수형 기간을 교도소로 돌아가 생활해야 한다. 하지만 이곳에서 잘 적응하고 치료를 잘 받으면 원래의 형보다 더 일찍 출소할 수 있다. 그래서 치료를 목적으로 하기보다 빠른 출소를 목적으로 이곳에 들어오는 사람들도 있다. 목적을 어디에 두었든 이곳에 와서 정해진 규칙을 잘 따르고 적극적으로 치료에 임하다 보면 자기도 모르는 사이에 어느 순간 변화되어 있는 자신을 발견하는 효과가 있다. 이런 시스템은 점차 전 세계로 퍼져나가고 있다.

유럽에는 에이즈AIDS 확산을 방지하는 니들 익스체인지 센터Needle Exchange Center가 있다. 주사기 교환소인데, 나도 30년 전에 가서 보고 놀란 적이 있다. 우리나라의 보건소처럼 지역마다 약물 중독 치료 시설이 있는데 그 한쪽에 주사기 교환소가 있다. 이름에서도 알 수 있듯이 이곳에서는 약물을 남용하는 사람들이 서로 주사기를 돌려쓰지 않도록 하기 위해 일회용 주사기를 나눠준다. 주사기를 서로 같이 쓰다 보면 에이즈 감염 위험이 높아지기 때문이다.

마약 투여자들의 수가 너무 많다 보니 이들을 일일이 단속하기란 불가능한 일이고, 그 대신 에이즈라도 예방하자는 차원에서 이런 시스템을 만들어 캠페인을 하는 것이다. 비밀도 보장되고 사인만 하면 일회용 주사기 30~40개를 박스에 넣어준다. 이 박스에는 폐기하는 통도 같이 붙어 있다. 일회용 주사기를 사용한 뒤 주사침만 빼서 폐기 통에

집어넣으면 다른 사람이 다시 사용할 일이 없으니 주삿바늘을 통한 에이즈 감염을 예방할 수 있다.

물론 일회용 주사기를 제공할 때 그냥 주는 것은 아니다. 약물 남용을 중단하고 치료를 하도록 권한다. 원하기만 하면 얼마든지 무료로 치료를 받을 수 있다고 설득하는 것이다. 유럽이나 미국은 인권 보장이 강력해서 당연히 치료받지 않을 권리도 있기 때문에 강제 치료가 어렵다. 설득을 통해 스스로 치료받도록 하는 것이다.

박스에 담긴 주사기뿐만 아니라 주사기가 서너 개 들어 있는 휴대용도 제공하고, 주사를 맞을 때 소독도 해야 하니까 일회용 알코올 솜도 포장해서 주고, 아무 물이나 섞으면 안 되니까 일회용 증류수도 포장해서 준다. 게다가 주사를 잘못 맞거나 하면 염증이 생기니까 그때 사용하는 연고도 함께 준다. 이 모든 세트를 무료로 제공한다. 막대한 예산을 들여 이런 캠페인을 함으로써 치료를 받도록 설득도 하고 에이즈도 예방하는 효과를 갖는다. 그 실효성이 크다 보니 30년이 지난 지금도 꾸준히 시행하고 있다.

또 하나는 인젝팅 룸Injecting Room이다. 우리말로 하면 '주사방'이라고 할 수 있다. 유럽은 헤로인 같은 중추신경 억제제 남용이 많은데, 이를 과량 투여하면 사망 위험이 높아진다. 한 지역 인근 병원의 한 달 앰뷸런스 출동 건수가 200건이 넘는다. 마약 과량 투여로 생명이 위독한 환자를 실어 나르는 일이 수시로 일어나기 때문이다. 그렇다 보니 다른 환자를 돌볼 수 없는 지경이 되었다. 어떻게 하면 과량 투여로 인한 응급 상황을 줄일 수 있을지 고민한 결과 정부와 NGO, 종교 단체가 합치해 아예 주사방을 만들었다. 과량 투여로 목숨이 위급한 상황이 수시로 발생하는 것은 스스로 조절을 못하기 때문이다.

주사방에 등록하면 비밀을 보장해 주는 것은 당연하고, 하루에 3~4회 무료로 헤로인 주사를 놔준다. 이때도 역시 치료를 받도록 끈질기게 설득한다. 그렇게 함으로써 많은 사람의 생명을 구하는 것은 물론이고, 더 많은 중독자들이 치료받을 수 있게 하는 효과도 가져온다.

유럽에는 마약 공원이 있다. 밖에서 마약을 하는 것은 불법이지만 이 공원 안에서 할 경우에는 그냥 둔다. 경찰이 순찰하면서 약물 투여자들을 공원 밖으로 나오지 못하게 한다. 약에 취한 채 공원 밖으로 나오면 다른 범죄와 연루되거나 다른 사람에게 마약을 전달할 수도 있기 때문이다. 아무리 마약이 불법이고 위험하니 하지 말라고 해도 어떻게든 하는 사람들이 있으니 그럴 바엔 차라리 너희들끼리 한 곳에 모여서 하다가 거기서 죽으라는 일종의 고립 정책을 쓰는 것이다.

예방과 치료에 집중

UN에서 조사한 통계를 보면 2021년 전 세계 인구 중 2억 9,600만 명이 마약류를 남용하고 있다. 10년 전에 비해 무려 23%나 증가한 수치다. 그중 2억 1,900만 명이 대마 남용자이며, 그다음으로 많이 하는 약물이 펜타닐 등의 마약성 진통제인 오피오이드 계열이다.

특히 우리가 눈여겨봐야 할 점은 전체 마약류 남용자 중 중독이라는 질병으로 발전하는 사람의 수가 3,950만 명이나 된다는 점이다. 10년 전에 비해 무려 45%가 늘었다. 약물을 남용하는 사람의 수가 10년 전에 비해 23% 증가한 것에 비해, 중독이라는 질병으로 발전하는 사람의 수가 10년 전에 비해 45% 증가했으니 무려 두 배나 더 늘어났다.

문제는 이렇게 중독성 질환을 앓고 있는 사람의 수가 늘고 있는데 그중 치료를 받는 인원은 겨우 다섯 명 중 한 명꼴이라는 점이다. 우리나라는 아직 치료 시스템이 제대로 갖춰져 있지 않지만 미국이나 유럽은 치료 시스템에 많은 예산을 투입해 굉장히 활성화되어 있는데도 그 수가 20%밖에 되지 않는다.

전 세계 약물 남용 실태를 파악해 보면 남미 지역은 주로 코카인 사용자가 많고, 북미나 유럽 쪽은 헤로인 등의 오피오이드 계열, 아시아 지역은 메스암페타민에 속하는 필로폰 사용자가 많다. 최근 들어서는 펜타닐 같은 강력한 마약성 진통제가 확산하면서 심각한 사회 문제를 일으키고 있다.

미국은 약물 남용에 대한 예산으로 엄청나게 많은 돈을 사용한다. 올해 예산만도 460억 달러로 우리나라 돈으로 65조가 넘는 금액이다. 이 예산을 다섯 개의 범주로 나눠 사용한다. 예방, 치료는 기본이고, 법적인 수사 예산과 육해공군을 동원해 약물이 미국으로 들어오지 못하도록 하는 경비 예산, 국제 공조 예산이 여기에 포함된다. 그리고 이 예산은 해마다 몇 조씩 늘어난다.

이 엄청난 예산 중 56%가 치료와 예방에 쓰이고 있으며, 여기에 해당하는 예산만도 해마다 두 배 이상 늘고 있다. 치료와 예방에 우선순위를 두는 것이다. 우리나라도 좀 더 치료와 재활에 적극적인 투자가 이루어져야 약물 남용 확산을 예방할 수 있다.

2장
효과적 치료와 예방을 위한 원칙과 단계

예방과 치료를 위한 원칙

미국 국립약물남용연구소NIDA, National Institute on Drug Abuse는 효과적인 치료를 위한 원칙을 정해놓고 있다.

첫째는 효과적인 치료의 가장 중요한 요소로 얼마나 적절한 기간 동안 치료를 받느냐 하는 것이다. 예를 들어 한 달 동안 입원해 집중적으로 치료하는 것도 효과가 있겠지만 그걸로 끝나면 아무 소용이 없다. 그럴 바에는 차라리 일주일 입원하고 나머지 기간은 일주일에 한 번씩 외래를 통해 상담을 받으면서 1년간 꾸준히 치료하는 게 훨씬 더 효과적이다. 이것은 얼마나 집중적인 치료를 하느냐보다 치료자와의 관계를 얼마나 오래 유지하느냐에 따라 치료 효과가 달라진다는 것을 뜻한다. 한마디로 라포 형성의 중요성을 이야기하는 것이다. 라포rapport는 두 사람 사이의 상호 신뢰관계를 나타내는 심리학 용어로, 치료자와 환자 간에 공감과 신뢰를 형성하고 긍정적인 관계를 만들어가는 게 치료에서 가장 중요한 요소라는 원칙이다.

둘째는 개인 혹은 집단 상담과 인지행동 치료의 중요성이다. 개인적으로 치료하는 것은 물론이고 집단 상담과 행동 치료를 병행할 때 그 효과가 크기 때문이다. 약물 치료도 필요하고 상담도 필요한 환자는 여러 가지 치료법을 함께 적용한다.

셋째는 상담이나 행동 치료와 더불어 약물요법이 많은 환자에게 필요하다는 원칙이다.

넷째는 정신과적 이중 진단을 가진 환자에 대한 통합 치료가 필요하다는 원칙이다. 대개의 약물 남용 환자는 정신과적 문제를 동반해 이중 진단을 받게 된다. 앞에서도 설명했듯이 마약류를 남용하면 뇌에 손상이 생겨 2차적으로 불안장애, 공황장애, 우울장애, 강박장애, 수면장애, 성적

장애, 자살 등 각종 정신 질환이 발병한다. 반대로 이런 정신과 질환이 있는 사람들이 2차로 마약류 중독이 되는 경우도 많다. 그래서 중독에 대한 치료뿐 아니라 이런 정신과 질환에 대한 치료를 같이 해야 효과가 있다.

다섯째는 해독 치료는 남용 치료의 첫 단계이며, 해독 치료만으로 약물 남용에 변화를 줄 수는 없다는 원칙이다. 대부분 급성기에는 약에 취해 있기 때문에 해독 치료를 하게 되는데 대개의 사람들이 해독 치료를 마치면 모든 치료가 끝났다고 생각하고 더 이상 치료를 받지 않는다. 하지만 해독 치료는 본격적인 치료를 받기 위한 준비 단계에 불과하다. 결국 치료 준비만 하다가 끝나버리기 때문에 계속 재발하는 것이다.

여섯째는 치료가 반드시 자발적이어야만 효과가 있는 것은 아니라는 원칙이다. 우리는 흔히 자발적으로 해야 치료 효과가 높을 거라고 생각한다. 물론 자발적인 치료가 중요하지만 중독은 본인 스스로 중독을 인정하지 않는다는 특성 때문에 자발적 치료 비율이 매우 낮다. 그래서 중독은 강제 치료가 대부분이며, 오히려 그게 더 효과적이다. 자발 치료는 본인이 원하면 언제든 치료를 중단할 수 있지만 강제 치료는 환자의 상태에 따라 일정 기간 치료에 집중하기 때문에 그 효과가 더 크다. 그래서 강제 치료가 자발적인 치료보다 효과가 떨어진다는 증거는 없다. 국제적으로도 오히려 동등하거나 더 효과적이라고 인정한다.

일곱째는 치료 기간 중 일어날 수 있는 약물 남용에 대한 지속적인 감독이 있어야 한다는 원칙이다. 신뢰관계가 형성되어 있더라도 이를 검증할 수 있어야 하기 때문에 최소한 일주일에 한 번씩 주기적으로 소변 검사를 통해 약물 여부를 확인한다. 이것은 약물을 남용하느냐 안 하느냐를 감시하기 위해서가 아니다. 스스로 자신이 약물을 남용하지 않고 잘 지내고 있다는 것을 소변을 통해 증명해 보이는 것이다. 이는 재발 예방에 도움이 되기도 하고, 또한 의사나 가족, 주변 사람들에게 떳떳한 모습을 보임으로써 치료 효과를 높일 수 있다.

여덟째는 치료 프로그램은 에이즈나 결핵, B형 혹은 C형 간염 등의 감염성 질환에 대한 평가와 상담이 필요하다는 원칙이다. 마약류 남용은 C형 간염이나 에이즈 등의 각종 전염병에 쉽게 노출되다 보니 여기에 대한 치료나 상담이 필요하다는 것이다.

아홉째는 약물 남용으로부터의 회복은 오랜 기간의 치료 과정이며, 재발로 인한 수차례의 치료가 필요하다는 원칙이다. 중독의 두드러진 특징은 잦은 재발이다. 1년 동안 입원 치료를 받았다고 해서 완치되는 거라면 얼마나 좋겠는가. 그랬다면 중독이라는 질병은 이미 이 세상에 존재하지 않을 것이다. 하지만 중독은 아무리 열심히 치료해도 늘 재발의 가능성이 따라다닌다. 그런 만큼 무조건 재발하지 않는 것을 목적으로 하기보다는 재발하기까지의 기간을 점점 더 늘리는 것만으로도 치료 효과는 있는 것이며, 그런 과정을 통해 점차 완전한 회복으로 이어진다.

우리나라에는 집계된 것만 대략 200만 명 이상의 알코올 중독자가 있다. 이들이 병원에서 한 번 치료받고 완전히 술을 끊을 수 있다면 좋을 텐데 대개는 그렇지 않다. 그래서 지속적인 치료를 통해 재발의 이유를 파악하고, 또다시 그런 실수를 저지르지 않도록 대책을 마련하는 과정을 반복하면서 점차 회복해 가는 것이다. 그런데 일반 사람들은 이런 것에 대한 이해가 없다 보니 중독자가 치료받고 나와 재발하면 즉각적으로 "네가 그러면 그렇지. 치료를 받으면 뭐하냐고! 그러니까 너는 안 돼!"라며 비난한다. 하지만 중독은 그 특성상 결코 한 번의 치료로 끝날 수 있는 게 아니다. 재발 예방을 위해서라도 꾸준하고 정기적인 치료가 필수다.

전투의 4단계

중독은 아무리 치료받고 회복하더라도 주변 환경으로 인해 재발할 가능성이 매우 크다. 그래서 나는 중독 치료 과정을 일종의 전투라고 생각한다. 전투에는 네 가지 단계가 있다. 부상 회복(해독 치료), 전쟁 동기(동기 강화), 기본 훈련(생활 양식의 변화), 전략 훈련(재발 예방)이다.

첫째, 부상 회복 단계는 중독 치료의 해독 치료 단계에 해당한다. 부상자를 그냥 전쟁에 내보낼 수는 없으니 일단 회복하도록 치료해야 하는 것처럼 약에 취해 있는 사람에게는 우선 해독 치료부터 해야 한다. 제정신이 아닌 상태로는 아무것도 할 수 없으니 일단 안정화시키는 것이다. 신체적으로 그리고 정신적으로 좀 안정이 되면 그때부터 본격적인 치료를 할 수 있다.

둘째, 전쟁 동기는 중독 치료의 동기 강화 단계에 해당한다. 부상자가 치료받고 회복되었으니 무조건 전쟁에 나가 싸워 이기라고 한다고 해서 그럴 수 있는 것은 아니다. 지난번에 무방비로 나갔다가 부상을 입었으니 더더욱 그러기는 어렵다. 이때는 패배의 원인을 분석해야 한다. 전쟁에 임하는 절실함이 부족하다면 훈련을 통해 기술을 습득하거나 강력한 동기부여가 필요하다. 중독도 마찬가지다. 자신이 중독이라는 것을 인정하고 이로 인해 얼마나 많은 폐해가 뒤따르는지를 직시해야 그 상황에서 벗어나고자 하는 절실함이 생겨 치료에 적극 임하게 된다. 중독 치료는 본인 스스로 의지를 불태우지 않으면 억지로 할 수 없다. 말을 강제로 강가로 끌고 갈 수는 있어도 억지로 물을 먹일 수는 없다.

셋째, 기본 훈련은 중독 치료의 생활 양식 변화 단계에 해당한다. 전쟁에 나가 싸울 강력한 동기부여가 생겼다면 이제는 본격적으로 훈련에 돌입하는 것이다. 싸움에서 반드시 이기려면 체력 단련은 물론이고 훈련을 통해 온갖 기술을 습득해야 한다. 이때 얼마나 훈련을 잘 해내느냐에 따라 싸움의 결과가 달라진다. 마찬가지로 중독 치료도 기본적인 가치관이나 생활 양식이 변화할 수 있도록 훈련해야 한다.

예를 들어 재소자가 다시는 약을 하지 않겠다고 굳게 다짐하고 1년의 시간을 보냈다고 해보자. 이 사람은 출소 후 치료의 효과가 있을까? 바로 재발한다. 생각만 하는 것으로는 치료 효과가 나타나지 않는다. 내가 싸움에서 진 이유가 다리에 힘이 없어서라고 해보자. 그러면 누구라도 당연히 다리의 힘을 키워야 한다고 생각할 것이다. 하지만 생각만으로는 힘이 생기지 않는다. 실제로 운동을 해야 한다. 곁에서 코치나 치료자들은 문제가 무엇인지, 부족한 게 무엇인지를 파악하고 이를 보충하고 바로 잡을 수 있도록 방법을 알려주고 감독하는 일을 하는 것이다. 이런 도움을 받아 본인이 실제로 얼마나 열심히 훈련해 다리 힘을 키우냐에 따라 결과가 달라진다. 기본 훈련을 열심히 받은 사람은 나가서 이길 확률이 굉장히 높다.

넷째, 전략 훈련은 중독 치료의 재발 예방 단계에 해당한다. 기본 훈련을 열심히 받고 싸움에 나가더라도 백전백승일 수는 없다. 웬만한 싸움에서는 이기지만 정말 강력한 상대를 만나면 패배할 수도 있기 때문에 이때는 무조건 적진으로 뛰어들어 싸우기보다는 한 발 후퇴해 전략 훈련을 한다. 중독 치료도 마찬가지다. 주변 어딘가에 강력한 유혹이 도사리고 있을 수 있기 때문에 언제 재발할지 모른다. 그래서 전략 훈련을 하듯이 고위험 상황을 파악하고 이에 대처하기 위한 재발 예방 훈련이 필요하다.

왜 치료를 거부할까

대다수의 중독자들은 자기가 중독이라는 것을 잘 모르기도 하고, 설령 알더라도 이를 부정한다. 약물 남용에 문제가 있다고 느껴도 치료가 필요한 질병인지를 모른다. 그래서 치료 과정으로 이어지기가 어렵다. 자신은 얼마든지 조절이 가능하기 때문에 중독이 아니라고 부정denial한다. 또 중독이라는 걸 어느 정도 인정하더라도 자기 스스로 해결할 수 있다고 착각하기 때문에 스스로 치료받는 경우가 매우 드물다. 자진해서 치료받는다고 하더라도 그 시점이 대개 말기인 경우가 대부분이다 보니 치료 효과를 얻기가 어렵다.

하지만 중독은 그로 인해 자신은 물론 타인에게도 피해

가 가면 그 즉시 멈춰야 하는 게 당연하다. 그런데도 멈추지 못하고 반복하면 그게 바로 중독이다. 술을 먹는 자체가 불법은 아니다. 술을 적당히 즐기는 사람을 상대로 중독이라고 하지는 않는다. 하지만 그 정도가 과해져서 남한테 피해를 주거나 자신의 건강에 문제가 생기는데도 반복해서 술을 먹는다면 그것은 중독이다.

하지만 마약류는 불법이다. 단 한 번이라도 해서는 안 되는 행위다. 그런데 결국 그 한 번을 했다는 것은 이미 조절력을 상실했다는 의미다. 그래서 마약류는 한 번만 해도 중독이라고 말하는 것이다. 단 한 번의 경험이 강력하게 각인되어 두 번, 세 번, 네 번 반복하게 만드는 특징이 있기 때문이다. 마음만 먹으면 얼마든지 끊을 수 있다고 호언장담하지만 매번 '이번만, 이번만' 하면서 다음 날에도 같은 상황이 반복된다. 자기가 평생 중독자가 될 거라고 생각하고 약물 남용을 시작하는 사람은 없다. 모두가 시작은 다 '딱 한 번만'이다. 그 한 번을 경험하면 거기서 끝나는 경우는 거의 없다.

치료를 거부하는 또 다른 이유는 정신과 치료에 대한 반감과 입원에 대한 두려움이다. 중독은 정신과적 문제를 동반하기 때문에 전문적인 치료가 필요하다. 현대 사회에서는 고민이 있거나 대인관계의 어려움이 있거나 부부 사이에 갈등이 있어도 정신과 상담을 받고 도움을 받는다. 그런데도 여전히 정신과를 미친 사람만 가는 곳이라고 여기는 부정적인 생각 때문에 정신과 치료나 입원을 극도로 꺼린다. 특히 입원은 대개가 강제이다 보니 그 두려움이 더욱 크다.

입원 치료를 하는 경우는 두 가지다. 첫째는 가능한 한 빠른 시간에 해독이 필요한 경우다. 대부분의 마약류는 1주나 2주 정도 집중적으로 치료하면 좋아진다. 또한 급성 정신 질환으로 정신병적 상태가 나타나기도 하기 때문에 입원해서 집중적으로 이를 안정화시키는 치료가 필요하다.

둘째는 심각한 재발 위험성이 있을 때다. 외래로 치료를 받고 있더라도 어떤 이유에서든 갑자기 약물에 대한 갈망이 생길 수 있다. 이때 방치하면 재발 확률이 매우 높아지기 때문에 이 상황을 피하기 위해서라도 입원 치료가 필요하다. 입원해서 하루 이틀 격리되어 있으면 그 갈망에서 벗어나 서서히 안정을 찾는다. 그러면 다시 외래를 통해 치료받고 그러다가 또 약물에 대한 갈망이 용솟음치면 또다시 입원하기를 반복한다. 이렇게 반복하면서 점차 회복해 나가는 것이다.

그런데 대부분의 중독자들은 정신과 치료나 입원 치료를 거부한 채 그냥 병원에서 해독 치료만 받고 끝낸다. 한 번이라도 강제 입원으로 고초를 겪은 사람들은 더더욱 그렇다. 병원이 자신을 도와주는 곳이 아니라 격리하고 억압하고 피해를 주는 곳이라고 인식하기 때문이다. 이로 인해 보호자인 가족들과도 실랑이가 빈번해지고 급기야 싸움이 일어나면서 갈등이 커진다. 이렇게 입원 치료는 이에 대한 부정적인 인식이 치료를 가로막고 재발을 높인다는 문제점을 안고 있다. 병원이 자신의 생명을 구해주는 곳이라는 믿음과 또 가족들이 자주 찾아와 외롭지 않다고 느끼면 입원 치료에 대한 인식이 바뀔 수 있을 텐데 쉽지 않은 일이다.

처음에 강제 입원 당시 환자를 인격적으로 대하고 치료 과정과 물리적 강압 등에서도 자세히 설명하고 이해시키면서 도움을 주면 환자들의 인식도 조금씩 바뀐다. 입원할 땐 격렬하게 거부했지만 회복하고 나면 오히려 나중에 자기를 입원시킨 가족과 병원에 고마워한다. 그렇게라도 자기를 입원시켜 치료하지 않았다면 자신의 생명이 위태로웠을 거라는 걸 알기 때문이다.

하지만 강제 입원만 경험한 사람들은 반감이 생겨 치료를 거부하고, 그러다 보니 쉽게 재발해 결국 치료를 받아도 달라지지 않는다고 생각해 자포자기하게 된다. 그래서 중독 환자가 처음 정신과적 치료를 받을 때는 어떻게 동기화하느냐가 치료의 매우 중요한 요소이며, 의료진과 주변 사람들이 자신과 한편이 되어 자기의 치료를 돕고 있다는 믿음을 갖도록 하는 것 또한 매우 중요하다.

3장
일상 회복을 위한 인정 그리고 변화

치료의 필요성을 동기화하라

자, 이제 본격적인 치료 과정으로 넘어가 보자. 앞에서 치료를 위해서는 4단계의 전투 과정이 필요하다고 말했다. 그중 첫 번째 단계인 동기화 과정은 치료를 결심하게 하는 아주 중요한 단계다. 중독자 스스로 자신이 중독이라는 것을 인정하고 이것이 얼마나 무서운 질병인지를 깨닫게 해야 하는데, 병원에 찾아오지 않는다는 게 문제다.

이들이 병원을 찾아오는 시기는 두 가지다. 하나는 자발적으로 찾아오는 경우이고, 다른 하나는 자기의 삶이 바닥을 쳤을 때다. 대개가 중독의 폐해로 인해 모든 것을 다 잃었을 때 자기의 행동을 후회하며 병원을 찾아와 매달린다. 하지만 그때는 시기가 이미 너무 늦어서 치료 효과가 떨어질 수밖에 없다. 모든 병이 다 그렇듯이 중독 또한 최대한 빠른 시기에 치료를 시작해야 큰 효과를 기대할 수 있다. 법적인 이유로든 보호자들의 선택으로든 강제 치료가 시작될 때가 가장 좋은 시기라고 볼 수 있다.

그래서 중독 환자들의 경우에는 스스로 깨달을 때까지 기다리다 보면 치료 시기가 너무 늦어지기 때문에 이들을 동기화하는 방법이 따로 있다. 먼저 약물로 인한 피해를 인식시킴으로써 본인이 중독되었다는 것을 알게 한다. 그리고 중독이 얼마나 심각한 질병인지를 깨닫게 하고, 치료를 통해서만 회복이 가능하다는 것을 강조한 뒤 효과적인 치료 과정을 소개한다. 그러면 스스로 치료를 결심하고 치료 과정을 따르게 된다.

이때 반드시 체계적인 치료와 재활 프로그램 운영이 따라야 하며, 치료자의 자질과 환경도 중요하다. 의사, 간호사, 회복자 모두 진정으로 중독을 이해하고 치료해 줄 수 있는 역량을 가진 사람들이 치료에 임해야 한다.

치료자들과의 만남의 장이 이루어지면 동기화 과정이 시작된다. 먼저 중독의 원인과 피해에 대해 깊이 생각하는 기회를 갖게 한다. 그러면서 중독 관련한 자기의 행동을 변화시킬 수 있도록 개인의 책임을 증진하고, 회복 과정에 대한 지각을 확대한다. 다른 회복된 중독자들과의 만남을 통해 그들로부터 도움과 지지를 받아 동기화할 수 있도록 한다. 결국 치료는 환자 스스로 해나가는 것이다. 치료자들은 환자가 회복의 길로 나아갈 수 있도록 안내하고 방법을 알려주는 감독이자 코치 역할을 하는 것뿐이다.

여기서 중요한 역할이 바로 회복자들이다. 중독의 문제를 겪어본 사람이 누구보다도 중독의 아픔이나 어려움을 잘 알고 있기 때문이다. 이들의 경험을 통해 중독이 얼마나 무서운 질병이며 그 폐해가 얼마나 심각한지를 구체적이고 사실적으로 듣다 보면 동기화가 빨리 일어난다.

예전에 유명한 코미디언 이주일 씨가 폐암을 앓고 나서 금연 캠페인 홍보대사로 나선 적이 있다. 또 코미디언 황기순 씨가 도박 행위로 인해 법적으로 문제가 된 적이 있는데, 나중에 커밍아웃하면서 도박예방치유센터의 홍보대사로 활동하며 예방 교육에 적극적으로 나선 적이 있다. 두 사례

모두 홍보 효과가 아주 높았는데, 회복자들의 역할이 이와 같은 맥락이다.

스스로 중독에서 회복한 사람들이 중독의 예방과 치료를 위한 전문가로 나설 경우 도움이 많이 된다. 이들을 통해 자신의 미래를 보면서 경각심을 갖기도 하고, 치료에 대한 희망을 갖기도 한다. 그래서 회복자는 중독 입문 과정부터 시작해 어떤 기회로 동기화가 되었는지, 그리고 왜 실패했는지에 대한 경험과 진정으로 중독을 인정하게 된 계기는 무엇이며, 자신의 피해 상황은 어떠한지 등을 전달해야 한다. 과연 얼마나 처참한 상황까지 갔었고, 그런 상황에서 어떻게 회복하고 변화했는지를 구체적이고 사실적으로 전달할 수 있어야 한다.

다만 이때도 회복자가 무조건 약을 끊었다고 해서 자격이 되는 것은 아니다. 약을 끊은 이후 그 사람의 삶이 누구에게나 모범이 될 수 있는 정도여야 한다. 그런 사람이 상담하고 치료자로서의 역할을 할 때 그 효과가 있다. 약을 끊은 지 30년이 되었고 그동안 재발이 전혀 없었다고 해도 현재의 삶이 사기나 치고, 범죄행위나 일삼는다면 진정한 회복자로 보기 어렵다.

중독의 피해를 낱낱이 파헤쳐라

중독을 치료하기 위해서는 자신의 현재 상태를 적나라하게 직면해야 한다. 자신이 중독으로 인해 얼마나 크고 심각한 피해를 입었는지를 낱낱이 깨달아야 한다. 그러기 위해서는 회복한 중독자들의 처참했던 경험담을 통한 공감이 효과적이다. 또한 섬뜩한 수준의 시청각 자료를 활용하는 방법도 있고 다양한 사례를 소개하는 방법도 있다. 어떤 식이든 우회적인 설명보다는 직접적인 설명이 훨씬 효과적이다.

예를 들어 '너는 간이 안 좋아'라고 말해주는 것보다 나빠진 간의 수치와 사진을 직접 보도록 한다거나, 약물 남용은 건강에 해롭다고 이야기하기보다 중독으로 인해 자기의 삶이 망가진 것은 물론이고 가족과 주변의 삶까지 망가뜨린 주범이 그 누구도 아닌 본인이라는 것을 직면하게 하는 게 훨씬 더 효과적이라는 뜻이다. 다양한 사례를 소개할 때도 마찬가지다. 뭉뚱그려 이야기하기보다는 구체적으로 전달하는 게 좋다. 예를 들어 중독으로 인한 정신병으로 자기 딸과 부인을 살해한 사람 등의 실제 사례를 들려주면 충격 효과가 극대화된다.

중독자들의 특징 중 하나가 허세, 즉 뻥이 심하다는 것이다. 약물을 경험한 이야기를 하면서 그 순간의 기분을 마치 신이 내린 선물 같다느니, 천국을 갔다 온 기분이라는 식으로 표현한다. 그런데 실제로는 전혀 그렇지 않다. 그저 전에 느껴보지 못한 새롭고 자극적인 경험을 한 것뿐인데 착각해서는 부풀려 이야기하는 것이다. 반대로 피해에 대해서는 축소하는 경향이 강하다. 교도소에서 1년 동안 수감 생활을 하고 나와서는 별것 아니라며, 다음에는 안 걸리면 된다고 말한다. 1년 동안 징역을 살았다는 것 자체가 엄청난 피해인데 어떻게 별것 아닐 수가 있겠는가.

본인의 피해 사실에 대해 자세히 알고 있는 중독자들은 거의 없다. 대부분의 피해자들이 자신의 피해를 이해하지 못하거나 부정한다. 중독 자체를 인정하지도 않는데 피해에 대해 생각할 만큼 자신을 돌아볼 여유가 없는 것이다. 그래서 치료자들이 함께 조목조목 찾아봐 주면 그때 비로소 엄청난 피해 사실을 깨닫는다. 일반적인 강의보다는 서로 대화하면서 토론하는 방식이 효과적이다.

그리고 현재 상태만이 아니라 과거 약물에 취해 있었을

때의 상태와 질병뿐 아니라 기능의 저하나 손실까지도 언급하는 게 효과적이다. 커다란 피해뿐 아니라 미미한 피해까지도 언급하고, 과거 약물을 사용하기 이전과 약물 사용 후의 상태를 가감 없이 비교하며, 이후에 약물 사용으로 일어날 수 있는 피해에 대해서도 토론한다.

또 약물로 인해 얻은 것은 과연 무엇인지 따져본다. 실제로 행복을 주었는지, 즐거움을 주었는지, 부를 가져다주었는지 따져본다. 그리고 약물로 인해 잃은 것은 무엇인지 조목조목 따져본다. 신체적 피해, 정신적 피해, 가정적 피해, 사회적 피해, 경제적 피해, 영적 피해에 대해 구체적으로 확인하는 것이다. 이런 것들을 하나하나 찾아보고 확인하는 과정은 치료의 아주 중요한 요소다. 이때 중독의 피해로 인한 온갖 시청각 자료를 함께 제공한다. 예를 들어 약물로 인해 손상된 간의 사진, 파괴된 뇌의 사진, 폐암 사진, 뇌경색과 심근경색 사진 등을 보여주는 것이다.

신체적으로 이런 문제가 생기는 깃보다 더 무서운 것은 정신적 피해다. 앞에서 이미 충분히 이야기했듯이 약물 중독은 정신 질환을 동반한다. 미국 필라델피아의 좀비 거리 사진에서도 알 수 있듯이 이들은 자기가 좀비처럼 되어 있는 줄을 인지하지 못한다. 자기 객관화가 전혀 되지 않는 것이다. 그래서 본인이 약물에 취해 있을 때의 정신적 상황이 어떠한지 주위 사람들이 평가해 주어야 한다. 급성 중독 증상과 금단 증상에 대해서도 이야기를 나누어야 한다. 이때 경험자의 진술과 실제 사례가 도움이 된다. 그리고 현재의 정신 상태와 과거의 정신 상태를 적나라하게 비교하고 향후 약물에 취했을 때의 정신 상태에 대해서도 토론한다.

피해에 대해 이야기할 때 빼놓을 수 없는 중요한 부분이 가족이다. 중독이라는 질병은 본인만이 아니라 내 가정과 가족의 삶도 망가뜨린다. 그렇기 때문에 현재의 가정 상황에 대해 충분히 이야기한다. 부모와의 관계, 배우자와의 관계, 자녀와의 관계, 가정의 해체에 대해 상세하게 이야기한다. 그러면 약물을 사용하기 이전과 지금의 상태를 확연하게 비교할 수 있다. 그리고 치료를 받고 회복된 후의 상황에 대해서도 토론한다. 가족 구성원이 함께 토론에 참여하는 것도 좋은 방법이다. 다만 이때 가족 구성원은 중독자에 대한 비난 가능성을 배제하기 위해 사전에 교육받고 토론에 참여한다. 어떤 병이든 가족의 관심과 도움이 있을 때 치료 효과는 배가된다. 중독도 마찬가지다. 치료에 참여하지 않으면 환자가 조금만 재발해도 즉각적으로 비난할 가능성이 높아진다. 그렇기 때문에 적극적인 관심과 참여가 필요하다.

직업적인 피해에 대해서도 이야기한다. 현재의 직업적 상황을 냉정하게 파악하는 것이다. 실직이나 구직의 어려움, 일에 대한 성취감 상실 등을 경험하고 있는지 확인한다. 가령 직장에 잘 다니고 있던 사람도 중독이 점점 심해지면 더 이상 직장생활을 유지하기가 어려워 결국 실직하게 된다. 문제는 사람은 단순히 돈을 버는 목적으로만 일을 하는 것은 아니다. 일을 함으로써 내가 이 사회에 가치 있는 일을 하는 쓸모 있는 사람이라는 것을 증명하는 것이다. 그런데 중독이 되면 더 이상 일에 대한 보람, 성취감 등을 느끼지 못한다. 그리고 중독되기 이전과 지금의 상태를 비교하고, 회복되었을 때의 상황 변화에 대해서도 토론함으로써 희망을 갖도록 한다. 직업재활에 대한 회복자의 증언이 크게 도움이 된다.

사회적인 피해에 대해서도 구체적으로 파악하고 이야기한다. 대표적인 사회적 피해는 친구를 잃거나 친척과의 관계 단절이다. 또 동호회나 동창회 등에 참석하지 못하면서 사회 활동도 못하게 되고, 즐겨하던 취미 활동도 모두 중단하게 된다. 국립부곡병원에서 마약류 환자들을 치료할 당시 매일 아침 한 시간 정도 그들과 함께 병원 뒷산을 올라 갔다 내려왔다. 그들에게 하나의 취미 활동을 만들어 준 것이다. 내가 없는 주말에는 병원의 다른 직원과 함께 등산했다. 그렇게 수개월 동안 하고 나니 퇴원해서도 습관처럼 등산하는 경우가 생겨났다. 중독 치료는 이렇게 취미 활동까지도 교육하고 스스로 취득할 수 있도록 안내하는 게 진짜 치료다.

중독자 자신이 입은 피해를 파악하고 인지하는 과정에서 가장 힘든 부분이 경제적 피해다. 경제적 피해라고 하면 대개가 약을 구할 때 얼마가 들었는지, 변호사 비용은 얼마인지 등에 대해서만 생각한다. 하지만 실제로 따져 보면 치료 비용과 가족들의 손실 비용, 예상 이익 상실 등이 훨씬 더 큰 피해다. 본인으로 인해 가족들의 일상이 무너지면서 제대로 일을 하지 못해 생기는 손실이 사실은 매우 크다. 또 본인과 가족에게 앞으로도 계속 발생할 손실까지 더하면 그 피해는 눈덩이처럼 늘어난다.

중독이 심해질수록 주변과의 관계는 모두 단절된다. 그

리고 약을 끊는다고 해서 한 번 끊어진 관계가 쉽게 회복되지는 않는다. 그렇기 때문에 진정한 치료는 약을 어떻게 끊을 수 있느냐가 아니라 약을 하지 않는 상태를 유지하면서 건전한 가치관을 정립시키는 것이다. 규칙적이고 책임감 있고 정직한 생활을 추구하면서 약물로 인해 단절되었던 가족이나 주변 사람들과의 관계를 재정립하는 것이다. 신체적 건강과 정신적 건강도 회복시켜 주어야 하는 것은 물론, 약물과 전혀 상관없는 새로운 친구들을 사귀고, 새롭게 일도 시작하고, 새로운 취미 활동도 만들 수 있도록 도와주어야 한다. 약은 끊었는데 이런 식의 회복이 동시에 이뤄지지 않으면 진정한 회복이라고 보기 어렵다.

생활 양식을 바꿔라

동기화가 이뤄지면 이제 본격적인 치료로 들어가야 한다. 중독에서 벗어나기 위해서는 내가 어떤 이유로 중독이 되었는지 그 원인을 명확하게 찾아내고, 무엇을 해야 하고 무엇을 하지 말아야 하는지를 확실하게 구분해야 한다. 이렇게 기존의 생활 양식을 변화시키는 게 본격적인 치료 과정이다.

중독을 치료하기 위해 우선 바꿔야 할 생활 양식은 크게 세 가지다. 첫째는 법을 두려워하지 않는 생각을 바꿔야 한다. 보통의 사람들은 법이 무서워서라도 약물에 손을 댈 생각을 하지 못한다. 하지만 중독자들은 법을 바라보는 잣대가 다르다. 이들은 법을 두려워하지 않는다. 그래서 항상 자신은 약을 해도 걸리지 않을 거라고 자신한다. 법으로 금지된 행동을 하면서 스릴을 즐긴다. 몰래 숨어서 하는 그 순간의 짜릿함에 더 희열을 느끼며, '이런 거 아무나 하는 거 아니야. 우리 같은 사람이나 하는 거지!'라고 생각한다. 영웅 심리가 작동하는 것이다. 보통사람들은 '만에 하나 걸리면 어떡해' 하고 무서워하는데 이들은 '만에 9,999번은 안 걸리잖아'라며 반대로 생각한다.

그래서 무조건 '불법이니까 절대로 하면 안 돼!'로 가치관을 바꿔야 재발을 예방할 수 있다. 동시에 규범과 규칙을 잘 지키고 질서 있고 예의 바르게 생활하고 도덕성을 갖다 보면 점차 회복의 단계로 접어들게 된다. 중독되면 규칙적인 생활이 어려워진다. 나중에는 남들이 잘 때 깨어 있고,

남들이 일할 때 자는 등 생활이 매우 불규칙해진다. 회복을 위해서는 규칙적인 생활을 해야 한다. 제시간에 자고 제시간에 일어나고 정해진 시간에 밥을 먹는 것만으로도 일상이 매우 규칙적으로 바뀐다. 규칙적인 생활은 치료 방법의 기본이다. 스스로 그렇게 할 수 있도록 관리하는 게 회복을 위한 기본적인 노력이다.

둘째는 책임감을 키우는 것이다. 중독자들은 공통적으로 책임감이 부족하다. 책임감이 강한 사람들은 쉽게 약물의 유혹에 빠지지 않는다. 내가 잘못되면 가족과 직장 등등 나를 둘러싸고 있는 많은 부분이 피해를 입을 수 있고, 그래서 그 소중한 것들을 지키려는 마음이 강하기 때문에 자제력이 생기는 것이다. 하지만 중독자들은 가족이나 일보다도 자기 자신이 먼저라고 생각하기 때문에 쉽게 유혹에 빠진다. 매사 자기중심적이며 남의 탓을 일삼는다. 그래서 스스로 조금 더 책임감 있는 사람으로 변화할 수 있도록 도와주는 게 치료의 과정이다. 나의 가족, 나의 친구, 나의 일을 소중하게 생각하는 마음이 강해지면 자제력도 강해져서 쉽게 흔들리지 않는다.

실제로 중독 환자들을 치료할 때 희생을 강조하는 편이

다. 지금까지 자기 자신만을 위해 살아왔다면 이제부터는 가족과 주변 사람을 위해 희생하는 삶을 살면 된다고 말한다. 희생이라고 말은 하지만 사실 다른 사람을 위해 헌신하는 것은 결국 진정으로 자기 자신을 위하는 일이다. 이타적 행동을 함으로써 내가 느끼는 만족감, 보람, 성취감 등이 훨씬 크기 때문이다. 습관처럼 봉사하고 기부하는 사람들도 어떤 면에서는 진정으로 자기 자신을 위해 하는 행동이다. 그러니까 자기가 어려워도 남을 도와주고, 거기서 또 행복감을 느끼니까 또다시 반복하게 되는 것이다.

셋째는 정직해지는 것이다. 중독 환자들은 정말 거짓말을 밥 먹듯이 한다. 자신이 하는 행위 자체가 불법이기 때문이다. 약물과 관련되어 있는 모든 게 불법이니까 무엇이든 다 몰래 해야 한다. 그러니 주변에 온통 거짓말을 할 수밖에 없다. 중독 환자들이 제일 힘들어하는 게 아무도 자기를 안 믿어준다는 것이다. 번번이 속아온 가족이나 주변 사람들로서는 당연히 그렇지 않겠는가. 예를 들어 "나 이번엔 진짜 약 끊을 거야!"라고 말하면 대번에 "네가 약을 끊는다고? 웃기지 마!"라고 반응한다. 늘 그렇게 말하고 늘 다시 약을 해 왔으니 '콩으로 메주를 쑨다'고 해도 믿지 않는다. 그러면 자기를 믿지 않는다고 반발하며 그 핑계로 또다시 약을 하는 악순환이 반복된다. 양치기 소년이 되어버리는 것이다.

그래서 누구보다 정직한 사람이 되어 자기 자신을 속이지 않고 가족 간의 신뢰를 회복할 수 있도록 도와주어야 한다. 보통사람보다 몇 배 더 책임감 있고 규칙적이고 규범적인 삶을 살아야 일반인과 비슷한 일상으로 돌아갈 수 있다. 진정한 치료는 그저 약을 끊는 게 목적이 아니라 남아 있는 앞으로의 삶을 좀 더 의미 있고 보람 있는 일상으로 만들어가는 것이다.

4장
성숙한 미래를
만들어가는 치료공동체

함께 치료하는 공동체의 힘

집단 구성원 사이의 대인관계, 집단에서 받는 정신적 억압, 그것에 대한 개개인의 자기 관리 능력 등에 중점을 둔 공동체 생활을 통해 마약 중독자를 재활시키고 사회 복귀를 목표로 하는 시설을 치료공동체라고 한다. 이는 맥스웰 존스라는 정신과 의사가 제2차 세계대전 당시 전쟁 후유증으로 정신과 질환을 앓고 있는 군인들을 치료하면서 만들어지기 시작했다. 한 환자가 다른 환자를 치료하는 데 도움을 주는 환경을 만들자 치료 효과가 좋았고, 이를 통해 치료 환경이 얼마나 중요한지를 깨달았다. 이를 중독 환자들에게 적용하기 시작하면서 치료공동체가 만들어졌고, 이는 중독 치료에서 매우 중요한 역할을 하게 되었다.

'공동체'는 어떤 공동의 목적을 두고 여러 사람이 모인 집단이다. 치료공동체는 말 그대로 치료를 목적으로 하는 사람들이 모인 집단이다. 이곳에서는 너나없이 치료를 위해 서로가 서로를 돕는 시스템이다. 1~2년 동안 24시간 거주하며 배움의 기회를 제공하고, 행동이나 태도, 가치관, 감정의 긍정적 변화를 유도하도록 안내하며, 이를 감독하고 상호 재강화하는 치료를 한다. 한 논문에 의하면 이곳에서 공동체 생활을 한 남성의 경우에는 72%가 회복되었고, 여성은 90% 정도가 회복에 성공했다고 한다. 회복의 기준은 이곳에서 치료받고 3년 동안 재발하지 않고 범죄를 저지르지 않는 것을 조건으로 한다. 이 논문을 보고 사실 많이 놀랐다. 오랫동안 중독 환자를 치료해 온 나로서는 10%만 회복해도 엄청난 성공으로 간주하기 때문이다.

그런데 직접 가서 내 눈으로 확인하고는 70~90% 회복이라는 수치가 가능하다는 생각이 들었다. 24시간에 걸친 모든 일상이 치료적 요소가 되어 서로가 서로를 안내하고 감독하면서 치료에 긍정적인 영향을 끼치는 것이다. 동료들에 의해 나의 행동이나 태도, 가치관이나 감정 표현이 전부 모니터링되면서 서로가 서로를 올바른 가치관과 행동으로 바뀌어 가도록 도와주는 시스템이다. 한마디로 상호 재활을 시키는 치료다.

이런 시스템이다 보니 이곳에서는 회복된 중독자들Ex-Abusers이 매우 중요한 치료자 역할을 한다. 그래서 1차 상담자는 치료공동체에서 회복된 중독자들이다. 이곳에서 치료받고 사회에 나와 상담 교육과정을 이수하고 상담사 면허를 취득한 뒤 자기가 치료받은 치료공동체나 병원에 직원으로 취직하는 것이다. 이들이 1차적으로 환자를 상담하고 교육하는 것은 매우 효과적이다. 자기가 직접 경험한 일들이기 때문에 환자들의 눈빛만 보고도 많은 것을 파악할 수 있고, 세밀한 상담이 이루어질 수 있다.

환자에게 이들은 곧 희망이자 미래다. 자기보다 더 심각한 중독 환자였던 사람이 치료에 성공한 것을 직접 보면서 자신도 회복이 가능하다는 희망과 확신을 갖는다. 외국의 치료 시설에는 1차 상담자 역할의 80%가 거의 회복된 중독자들이다. 우리나라도 이런 사람들을 많이 양산해 1차 상담 치료자로서의 역할을 하게 한다면 중독 환자 치료와 재발 예방에 큰 도움이 될 것이다.

약물 중독자들의 공통점

치료공동체에서는 중독을 어떻게 정의할까? 이곳에서는 중독을 그 사람 전체의 문제로 본다. 그 사람 전체에 어떤 문제가 있기에 중독이 나타난 거라고 보는 것이다. 그래서 중독은 하나의 증상일 뿐이며 본질이 아니라고 한다. 다시 말해 그 사람의 가치관이나 행동, 태도에 문제가 있어서 그로 인해 중독이라는 증상이 나타나는 거라는 뜻이다.

그렇기 때문에 증상만 고친다고 해서 치료가 되는 것은 아니고 그 사람의 가치관이나 행동, 태도를 올바르게 바꿔 나가는 게 진짜 치료라고 말한다. 이런 방식의 치료법에는 많은 시간과 정성이 들어갈 수밖에 없고, 그래서 24시간 상주하며 1~2년 동안 집중적으로 관리한다. 그리고 해독 치료는 치료의 목표가 아니라 치료를 위한 하나의 조건일 뿐이다. 해독되어 신체적·정신적으로 안정이 되어야 비로소 본격적인 치료를 할 수 있기 때문이다.

치료공동체에서는 마약류 중독을 남용으로 시작해 의존으로 발전하는 과정이라고 본다. 정상적인 사용이 아니라 기분을 전환할 목적으로 한 번 사용했다가 점차 여기에 의존하면서 끊을 수 없는 지경에 이르는 것이다. 그러니까 문제는 이것을 사용하는 사람이지 마약류가 문제가 아니다. 치료를 목적으로 사용하는 경우보다 즐기기 위해 남용하는 사람들이 문제다.

치료공동체에서는 중독 환자들을 치료하면서 몇 가지 공통점을 발견했다. 이들은 대개 미성숙하고 자존감이 낮으며, 불편함이나 좌절에 취약하고, 감정이나 충동 조절 능력이 약한 경향이 있다. 권위상의 문제가 있고 대인관계나 의사소통 기술이 부족하다. 또한 책임감이 부족하고, 정직하지 못하며, 조작적인 면이 강하다. 부정과 합리화의 자기기만이 두드러지고, 자신을 피해자로 착각하는 특징을 가지고 있다. 이런 문제점들을 바로 잡는 게 진정한 치료다.

내가 치료하는 환자들을 보면 나이가 50이 넘어도 인간으로서의 성숙도가 여전히 약물 남용을 시작한 10대나 20대에 머물러 있는 경우가 많다. 또 자기 자신을 비하하며 자포

자기하기도 한다. 자존감이 낮기 때문이다. 자존감은 자기 자신을 존중하는 힘이다. 그래서 이들이 자기 자신을 존중하고 성숙한 삶을 살아갈 수 있도록 도와주어야 한다.

또 조그마한 불편함이나 좌절에도 금방 힘들어하고 회피하는 경향이 강하다. 누구나 살다 보면 어려움이나 좌절의 순간을 겪을 수밖에 없고 대개의 사람들이 이를 극복하고 견디고 이겨내며 살아간다. 이렇게 어려움에 처했을 때 이를 이겨내는 힘을 회복 탄력성resilience이라고 한다. 회복 탄력성이 높은 사람들은 어려움을 겪었을 때 오히려 이것을 발전의 계기로 삼는다.

쉬운 예로 우리가 멀리뛰기를 할 때 가만히 서서 뛰는 것보다 뒤로 몇 발 물러났다 뛰면 훨씬 더 멀리 뛸 수 있는 것과 같다. 삶도 마찬가지다. 어려움이 닥쳐도 피하지 않고 이겨내며 이를 계기로 한 발 더 발전해 나가는 게 인간 삶의 모습이다. 그런데 조금만 힘들어도 쉽게 좌절하거나 이를 회피하기 위해 약물을 찾게 되는 게 바로 중독자들의 특징이다. 그래서 어려움을 극복하고 위기를 기회로 만드는 긍정적인 사고를 할 수 있도록 도와주어야 한다.

또 약물 남용으로 인해 뇌가 손상되면 감정과 충동을

조절하는 능력이 떨어져 자기 자신을 컨트롤하는 게 어렵다. 이런 환자들에게는 약물 치료와 함께 마인드컨트롤 훈련을 병행함으로써 조절 능력을 키울 수 있도록 해야 한다.

또 하나는 권위상의 문제다. 권위는 스스로 내세운다고 해서 생기는 게 아니다. 강제적으로 상대를 억누르는 것은 권위가 아니라 독재다. 진정한 권위는 합리적인 권위상 rational authority이 되는 것이다. 예를 들어 학생이나 환자가 선생님이나 의사를 상대로 자연스럽게 존경의 마음이 생겨 따르고 존중할 때 진짜 권위가 생긴다. 중독에 문제가 있는 사람들은 대부분 부모와의 관계에서 억압적이고 부정적인 경험을 많이 가지고 있다. 그래서 치료자들은 환자를 상대로 배려하고 모범을 보임으로써 환자들에게 진정한 권위상이 되어야 한다. 이뿐만 아니라 이런 환경과 분위기에서 집중적인 치료 과정을 거치다 보면 자연스럽게 대인관계도 좋아지고 의사소통의 기술도 배우게 된다.

중독 환자들은 책임감이 부족하다는 공통점이 있다. 그래서 치료공동체에서는 이들 각자에게 어떤 역할을 부여하며, 처음 입원한 사람들에게는 회사의 말단 직원처럼 허드렛일부터 맡긴다. 이를 잘 수행하면 그다음 단계로 올라

간다. 맡은 일을 잘 수행해 다음 단계로의 상승을 반복하다 보면 고참 환자가 되었을 때 프로그램 운영이나 자기 반의 치료자 같은 좀 더 책임감 있는 역할을 맡게 된다.

또 중독 환자들은 몰래 약을 하던 습관으로 거짓말을 많이 하거나 타인을 상대로 이간질을 일삼는 등의 조작적인 행위를 많이 한다. 그리고 자기의 행동에 대한 부정과 합리화로 자기기만이 두드러지며, 중독이 심하면 자기가 피해자라고 생각하며 가족이나 주변을 탓한다.

바로 이런 문제들을 교정하고 회복하도록 해주는 게 치료의 목적이다. 치료의 1차 목적은 행동과 사고, 감정의 부정적 요소를 긍정적으로 바꿔주는 것이며, 궁극적인 목적은 이들이 책임감 있고 약물로부터 자유로운 삶을 살아갈 수 있도록 하는 것이다.

성숙하고 책임감 있는 삶의 회복

회복은 환자의 감정이나 행동, 사고에 기본적인 변화가 있어야 한다. 그리고 그 회복에 대한 책임은 환자 본인에게 있다. 치료공동체에서는 서로가 서로를 직면하며 도와주기 때문에 동료의 압력이 큰 힘이 된다. 한 사람이 다른 한 사람을 직면하도록 도와주고 그 사람이 또 다른 사람을 도와주는 이런 시스템이 치료공동체의 사회적 구조다. 이곳의 치료자들은 이런 시스템이 잘 돌아가도록 안내하고 지원하는 역할을 한다.

치료공동체의 궁극적인 목적은 성숙하고 책임감 있는 삶을 살 수 있도록 치료하는 것이다. 성숙하고 책임감 있는 삶이란 먼저 정직하게 사는 것이다. 그리고 무엇이든 미루거나 회피하지 않고 바로 지금 이 순간 여기서부터 행동하는 것here and now이다. 또한 개인적 책임감은 물론이고 사회적으로도 책임감 있는 삶을 살며, 타인에 대한 책임감 있는 관심을 기울이고 상호 수용하며 신뢰하는 관계를 만들어 나가는 것이다.

그리고 성숙한 삶을 위한 중요한 또 하나는 'Acting as if~', 즉 '마치 ~인 것처럼 행동하라'는 것이다. 설령 내가 지금 중독자라고 해도 마치 완전히 약을 끊은 사람처럼 인식하고 행동하면 실제로 성공률이 높아진다. 예를 들어 악마 같은 남자가 있다고 해보자. 그는 한 여자를 좋아하게 되었는데 자신의 악마 같은 모습 때문에 여자가 무서워해 만날 수가 없었다. 고민 끝에 남자는 한 가지 꾀를 냈다. 자기가 '마치 천사인 것처럼' 가짜 천사 행세를 한 것이다. 그렇게 몇 년의 시간이 지나고 어느 날 길에서 우연히 예전에 알던 사람과 마주쳤다. 남자의 악마 같은 모습을 기억하고 있던 그 사람은 천사처럼 바뀌어 있는 남자의 모습에 깜짝 놀랐다. 원래는 악마 같은 사람이었으나 자신이 마치 천사인 것처럼 가짜 행동했는데 자기도 모르는 사이에 천사처럼 변화되어 있었던 것이다.

'마치 ~인 것처럼 행동하라'라는 별것 아닌 것 같은 이 단순한 행동의 결과는 우리가 생각하는 것 이상의 큰 변화로 다가온다. 나 역시 중독 환자들에게 이 방법을 적극 권한다. 설령 어제까지 약을 했더라도 지금 당장 끊은 것처럼 허풍을 떨고 다니거나 '나는 매우 책임감이 강한 사람이야', '나는 정직한 사람이야'라고 이야기하라고 말한다. 반복적으로 이렇게 하다 보면 말이 씨가 되듯이 자기도 모르는 사이에 변화된 자기 모습을 발견하게 된다.

4부

마약, 청정국과
공화국의 변곡점에서

온전한 회복

중독 치료의 최종 목표는 약을 끊는 게 아니다.

약을 끊는 것은 치료의 기본이고,

최종 목표는 의미 있는 인생을 사는 것이다.

그동안 나의 행복을 망가뜨린 약물을 가차 없이 끊어버리고

정직하고 책임감 있고 규칙적인 삶을 살면서

그 변화된 힘으로 나와 내 가족을

악마의 손길로부터 지켜내는 것이다.

1장
위기의 순간은 언제든 찾아온다

실수의 늪에서 빠져나오기

우리는 보통 마약류 중독 치료에 대해 이분법적으로만 생각해 왔다. 어떻게든 마음을 먹고 약을 끊고 쭉 생활해 오다가 어느 날 위기가 찾아왔을 때 다시 약을 하는 '재발'로 가거나 위기를 극복하고 '회복'으로 가거나 둘 중 하나라고 생각한다. 그러나 약을 끊고 생활하다가 재발로 가기 전에 실수라는 단계를 거친다. 그리고 이 실수는 한 번으로 그치지 않고 반복된다. 이렇게 실수를 반복하면서 재발하게 되는 것이다.

예를 들어 길을 가다가 늪에 한쪽 발이 빠졌다고 해보자. 이것은 발을 잘못 디딘 나의 실수다. 이때 나의 실수를 인정하고 얼른 발을 빼려 노력하면 늪에서 빠져나올 수 있다. 이것이 실수다. 그런데 자기가 실수했는지도 모르고 점점 더 늪으로 들어가면 양쪽 다리가 무릎까지 다 잠기게 되고 그제야 빠져나오려고 발버둥을 쳐보지만 그러면 그럴수록 점점 더 깊은 늪으로 빠져들어 간다. 이 정도가 되면 혼자서는 늪에서 빠져나오지 못한다. 누군가의 도움이 절실하다. 이때가 바로 '재발'의 시기다.

이렇게 재발은 실수라는 단계를 거친다. 한 번의 실수로 재발이 되기도 하고, 한 번의 실수로 정신을 차리고 빠져나와 회복의 길로 향할 수도 있다. 자기가 실수한 것을 인지하고 위기감을 느껴 치료자에게 연락해 조치하고, 친구나 가족과 상의해 재빨리 빠져나오는 것이다. 실수가 일어났을 때 대책을 마련하면 회복으로 돌아갈 수 있는데, 이것을 모르고 반복하면 재발로 가는 것이다.

이렇게 '단약'과 '재발' 사이에 '실수'가 있다는 것을 알아둘 필요가 있다. 일반인들은 물론이고, 특히 법조계에 종사하는 사람들이 반드시 알아두어야 하는 부분이다. 치료

위기 갈등에서의 갈림길

하라고 내보냈더니 또 재발했다며, 가능성이 없는 것으로 판단해 구속해버리면 안 된다. 실수의 과정이 있을 수 있다는 것을 인정해야 한다. 가족들도 마찬가지다. 실수의 개념을 제대로 알고 있어야 도움을 줄 수 있다.

약을 끊고 생활하다 보면 위기와 갈등이 찾아와 갈림길에 서는 순간이 있다. 죽어도 두 번 다시 약을 하지 않겠다고 굳게 다짐했어도 위기 상황에 놓이면 갈등하게 된다. 내 안에서 악마와 천사가 싸운다. 악마는 그냥 하라고 부추기고, 천사는 자제하라고 말린다. 이때 악마의 속삭임에 이끌려 '한 번만 하자'고 하는 순간 실수가 일어난다. 실수를 하면 또다시 위기가 찾아온다. 이때 실수를 인지하고 어떻게든 극복하려는 사람도 있지만, 한 번의 실수를 겪으면 또다시 실수를 반복할 확률이 60~70% 높아지고 극복할 확률은 낮아진다. 그러면 점점 재발로 가게 되고 나중에는 99.9% 재발한다.

그런데 처음 위기에 처했을 때 '이게 바로 재발의 위험 신호구나'라고 감지해 즉시 도움을 받아 위기에서 빠져나오는 데 성공하면 다음에 또다시 위기에 처했을 때 성공할 확률이 70%로 높아진다. 그다음 또다시 위기에 처했을 때는 성공률이 90%가 된다. 이렇게 연속적으로 몇 차례 위기 극복에서 성공하면 회복할 수 있는 확률이 매우 높아진다.

보통 1년에 두세 번 갈림길에 서는 위기가 찾아온다. 처음에는 약을 끊고 한 달 이내에 많이 찾아온다. 이때 30%가 재발한다. 6개월 정도쯤 되면 또 한 번의 위기가 찾아오고, 한 1년쯤 되면 또 한 번의 위기가 찾아온다. 이때 빠르게 대처하며 치료를 받으면 이후에 재발할 확률이 현저하게 줄어든다. 이렇게 갈림길에 섰을 때 혼자 고민하지 말고 바로 치료자의 도움을 받아 회복의 길로 나아가야 한다는 것을 본인은 물론이고 주변 사람들도 알고 있어야 한다.

실마리 제거하기

재발 예방에서 '실마리 제거'는 아주 중요한 요소다. 고위험 상황에 도달하기까지는 다양한 실마리가 존재한다. 그 실마리에 대해 탐구한 뒤 그에 따른 대처방안을 마련해야 하고, 또 그 대처방안에 대한 실행 연습도 필요하다.

예를 들어 어느 날 갑자기 정신을 차려보니 호텔에서 친구와 마약을 하고 있는 게 아닌가. 그런데 여기서 중요한 것은 갑자기 그런 상황이 펼쳐진 게 아니라는 점이다. 그런 상황이 펼쳐지기 전 단계, 즉 분명 실마리가 되는 어떤 순간이 있었을 것이다. 그것은 바로 친구를 만난 것이다. 친구를 만났고 그 친구가 약을 주니까 다시 약에 손을 댔다. 친구를 만났더라도 호텔에 가지 않고 헤어졌다면 어땠을까? 그러면 늪에 발을 넣기 전에 그곳에서 벗어나 자기 자신을 지킬 수 있었을 것이다.

그런데 친구를 만났고, 호텔에 따라갔고, 그곳에서 약을 건네받기까지 했다면 그 상황에서 빠져나올 수 있는 확률은 매우 낮다. 그래서 실마리를 찾아 좀 더 확률이 높은 단계에서 빠져나올 수 있어야 한다. 그러면 그 친구를 만나기

전 단계는 무엇일까? 눈을 떠보니 갑자기 친구가 옆에 와 있었던 것은 아닐 테고, 분명 친구를 만나게 된 실마리가 있었을 것이다. 왜 만났을까? 친구한테 연락이 와서 만났다. 그렇다면 친구가 만나자는 연락을 해왔을 때 거절했으면 어땠을까? 훨씬 더 쉽게 재발의 위험 상황에서 벗어날 수 있었을 것이다.

그러면 친구는 왜 나에게 전화했을까? 분명 실마리가 될 그 전 단계가 있었을 것이다. 바로 내가 연락했기 때문이다. 교도소에서 출소해서 그랬든, 병원에서 퇴원해서 그랬든, 어떤 이유로든 궁금해서 친구에게 전화를 했던 것뿐인데 얼마 지나지 않아 친구가 밥이나 먹자고 연락을 해온 것이다. 애초에 내가 친구에게 전화를 하지 않았다면 재발 위험에 놓이지 않았을 것이다.

그런데 나는 왜 친구에게 전화했을까? 그 전 단계의 실마리를 찾아보면 내 전화기에 그 친구의 번호가 저장되어 있었기 때문이다. 전화번호를 뒤적이다가 그 친구의 번호가 눈에 들어왔고 궁금하던 차에 안부나 물을 겸 연락을 했다. 그러면서 친구를 만나고 호텔에 가고 약을 하면서 재발의 늪에 빠진 것이다.

어떤 결과든 반드시 그 전 단계가 존재하고 그 전 단계에서 분명한 실마리를 찾아 과감하게 쳐내야 한다. 예로 든 상황에서라면 약물과 관련된 사람들의 전화번호를 모두 지운 뒤 전화기도 바꾸고 전화번호도 바꿨어야만 했다. 완전히 차단할 수 있도록 실마리를 제거하는 게 중요하다. 처음부터 재발하려고 친구에게 전화한 것은 아닐 테지만 결과적으로 내가 나 자신을 재발 상황에 놓이게 했다.

2장
악마의 유혹으로부터 나를 지키는 힘

부정적인 감정 버리기

치료를 잘 받아서 가치관도 건전하게 바뀌고 규칙적인 생활도 하면서 전과는 아주 달라진 모습으로 책임감 있고 정직하게 살아가고 있다고 해보자. 하지만 이것으로 완전하진 않다. 이제 웬만한 상황은 뿌리치고 이겨낼 수 있지만 고위험 상황high risk situation이 되면 흔들릴 수 있다. 그래서 회복에 실패하고 재발한 사람들을 상대로 조사한 결과 세 가지 공통적인 고위험 상황을 찾아냈다.

첫째는 부정적인 감정negative feeling이다. 마음이 안정적이고 편안할 때는 흔들리지 않다가 화가 나거나 짜증이 나고 무료하거나 우울한 감정이 생기면 약물 생각이 나면서 재발하게 된다. 그렇다면 이 부정적인 감정이 생기지 않도록 관리해야 한다.

부정적인 감정은 왜 생길까? 당연하게도 부정적인 생각을 하면 부정적인 감정이 생긴다. 부정적으로 사고하는 사람은 TV 뉴스를 봐도 부정적인 면만을 보면서 마구 욕을 해댄다. 그리고 사람을 대할 때도 그 사람의 긍정적인 면보다는 부정적인 면을 본다.

누구나 알고 있는 유명한 이야기처럼 컵에 물이 반 정도 차 있을 때 부정적으로 생각하는 사람은 '아 벌써 물이 반이나 줄었네'라며 불안해하고, 긍정적으로 생각하는 사람은 '아직도 물이 반이나 남았네'라며 안심하는 것과 같다. 똑같은 상황이지만 그것을 바라보는 시각에 따라 마음가짐이 달라지는 것이다. 이 세상은 동전의 양면처럼 부정적인 면과 긍정적인 면이 공존한다. 100% 부정적이거나 100% 긍정적인 경우는 없다. 그래서 매사 긍정적인 면을 보는 훈련을 해야 한다.

물론 부정적인 면을 아예 보지 말라는 게 아니다. 긍정적인 면을 먼저 보고 부정적인 면을 보면 이해가 되고 도움이 되지만, 부정적인 면을 우선으로 보고 나면 긍정적인 생각이 잘 들지 않는다. 그래서 나에게 치료받는 환자들에게도 항상 긍정적으로 사고할 수 있도록 훈련하라고 말한다. 가장 좋은 방법이 '칭찬하기'다. 일기를 쓰면서 주변 사람들의 좋은 점을 찾아보고 칭찬을 적어 보는 것이다.

아무리 나쁜 사람도 좋은 점 몇 가지는 있다. 저 사람은 안경이 참 잘 어울린다거나 밥을 참 맛있게 잘 먹는다거나 말을 따뜻하게 한다거나 옷을 잘 입는다거나 등등 가만히 생각해 보면 얼마든지 좋은 점을 찾아낼 수 있다. 그렇게 한 달, 1년 칭찬 일기를 쓰다 보면 이제는 누군가를 대하면 자연스럽게 그 사람의 긍정적인 면을 먼저 보게 된다.

이렇게 긍적적으로 사고하다 보면 감정이 상해도 화가 잘 나지 않는다. 그러면 재발 위기 상황에 놓여 갈등하게 되었을 때도 쉽게 흔들리지 않고 위기를 잘 극복할 수 있다. 걸림돌을 디딤돌로 만드는 지혜가 생기는 것이다. 이렇게 긍정의 사고를 넓히는 것은 회복 탄력성을 높이는 아주 훌륭한 방법으로 중독 치료뿐만 아니라 가정이나 직장, 사회 생활 등의 일상에서도 도움이 많이 된다.

대인관계 갈등 줄이기

둘째는 대인관계의 갈등interpersonal conflict이다. 가족 간의 갈등, 상사와의 갈등처럼 대인관계 갈등 역시 고위험 상황에 속하며, 이런 상황에 놓이면 스트레스로 인해 재발할 확률이 높다. 그러면 대인관계에서 갈등이 생기지 않도록 관리해야 한다.

대인관계에 갈등이 생기는 우선적인 이유는 상대방의 입장을 생각하지 못하기 때문이다. 예를 들어 부부관계에서도 이런 갈등은 쉽게 일어난다. 남편이 접대를 하느라 억지로 술자리에 끌려가 늦게까지 고생고생하다 밤늦게 귀가하자 부인이 화가 잔뜩 나 있다. "얼마나 걱정했는데 도대체 연락도 없이 어디서 뭘 하다 이렇게 늦게 들어와?"라며 아내가 소리를 지른다. 남편이 그 늦은 시간까지 얼마나 고생했는지는 아랑곳없이 자기가 걱정한 것만 중요하게 생각하는 것이다.

그러면 늦은 시간까지 접대하면서 온갖 비위를 맞추고 시중을 드느라 진이 빠져 들어온 남편 입장에서도 아내의 행동이 이해되지 않아 화가 난다. 그러면서 "너는 집에서 한 일이 뭔데?" 하며 상대방을 비난한다. 그러면 결국 싸움으로 번져 갈등이 증폭된다.

만약에 서로의 입장을 조금씩이라도 헤아렸다면 어땠을까? 남편은 늦게까지 잠 못 자고 기다리고 있을 부인을 위해 미리 전화라도 한 통 해주었으면 어땠을까? 귀가하면서 꽃 한 송이나 치킨이라도 사 들고 와 늦어서 미안하다고 말했다면 어땠을까? 부인은 소리를 지르며 화를 내는 대신 꿀물을 타주지 않았을까? 아내 역시 접대하느라 전화 한 통 할 새도 없이 늦게까지 고생한 남편을 가엽게 여기며 고생했다는 따뜻한 말 한마디 건넸다면 어땠을까? 남편이 오히려 늦게 들어와 미안하다며 사과하지 않았을까? 그러면 둘 사이에 갈등이 생길 일이 없다.

설령 갈등이 생겼더라도 상대방의 입장을 헤아리면 서로를 이해하게 된다. 갈등을 해결할 수 있는 여지가 생기는 것이다. 모든 관계가 마찬가지다. 서로가 역할을 전환해 보면role reversal 갈등을 해결할 수 있고 갈등을 줄일 수 있다. 갈등이 없어지거나 줄어들면 재발의 위험에서 그만큼 멀어진다. 항상 상대방의 입장을 헤아리고 상대방의 입장에서 생각해 보려는 훈련이 필요하다.

단호하게 거절하기

셋째는 사회적 압력social pressure이다. 쉽게 말해 나는 하고 싶지 않은데 주변의 강요로 어쩔 수 없이 하게 되는 것을 말하며, 이 또한 고위험 상황이다.

예를 들어 내가 힘든 결심으로 술을 끊었다고 해보자. 그런데 동문회가 있어 참석할 수밖에 없는 상황이다. 술을 먹지 않겠다고 다짐하고 갔는데 친구들이 너도나도 술을 권한다. 술을 끊었다고 이야기해도 믿지 않는다. 정색하며 진짜 끊었다고 말하자 그냥 받아놓기라도 하라며 한 잔 따라준다. 그때 동문회장이 다가와 '건배!'를 외치자 얼떨결에 앞에 있는 잔을 들어 들이키고 만다.

이렇게 사회생활을 하다 보면 압력에 의해 하고 싶지 않아도 해야 하는 일들이 있다. 술이든 약이든 재발을 원치 않는다면 환경을 바꿔야 한다. 고위험 상황에 놓이게 할 수 있는 관계들은 냉정하게 정리하고 연락처도 삭제해야 한다. 그리고 사회의 압력에 휘둘리지 않기 위한 가장 확실한 방법은 단호한 거절이다. 처음부터 거절하기가 쉽지 않기 때문에 연습이 필요하다.

어렵게 금주를 했는데 주변에서 자꾸 술을 권하면 보통은 '몸이 아파 약을 먹는다'는 식으로 말한다. 이렇게 소극적으로 대처하면 사람들이 순순히 그러라고 하지 않는다. 가령 '나 술 마시면 죽어'라는 식으로 단호하고 강하게 말해야 한다. 이렇게까지 말하는데 '죽어도 괜찮으니까 그래도 마셔'라고 말하는 사람은 없다.

마찬가지로 누가 마약의 '마'자만 꺼내도 '나 완전히 끊었어! 내 앞에서 절대 그런 이야기하지 마. 그럴 거면 나랑 만나지도 마'라고 단호하게 말할 수 있어야 재발의 위험으로부터 자신을 보호할 수 있다. 거절하는 연습이 되어 있지 않으면 수시로 발생하는 사회적 압력을 견디지 못하고 머뭇머뭇하다가 쉽게 넘어가 버리고 만다. 반드시 평소에 거절하는 연습을 꾸준히 해두어야 한다.

부정적인 감정, 대인관계 갈등, 사회적 압력, 이렇게 세 가지 고위험 상황에 따른 대처 방법을 훈련하면 재발의 위험에서 점점 멀어지면서 삶의 질이 달라지고 자기 효능감이 좋아진다. 그러면 이를 유지하기 위해 점점 철저하게 자기를 지키게 되고 그러다 보면 선순환이 일어나 회복의 길로 들어서게 된다.

균형 잡힌 생활하기

마지막으로 재발을 예방하려면 균형 잡힌 생활balanced life style을 해야 한다. 온전한 성인으로 제 몫을 다하며 살아가기 위해서는 하고 싶어도 하지 말아야 하는 게 있는가 하면, 하기 싫어도 꼭 해야 하는 게 있다. 쉽게 말해 즐거움이나 자기만족을 위해 참여하는 행동이 있는가 하면, 외부적 요구로 꼭 해야만 하는 행동이 있다. 이 둘의 균형이 잘 맞도록 나 스스로 중심을 잡아야 한다. 그런데 중독이 되면 이 둘 중 어느 한쪽으로 지나치게 치우치게 된다. 자기가 하고 싶은 것에만 과할 정도로 집중하는 것이다.

중독 환자들의 특징을 살펴보면 오랫동안 마약으로 인해 정상적인 생활을 하지 못하고 흘려보낸 시간을 하루아침에 보상받기라도 하려는 듯 미친 듯이 일에 몰두한다. 그런데 문제는 거의 자지도 않고 며칠씩 고생하며 일에 몰두하고 나면 그에 따른 보상으로 그동안 열심히 했으니 좀 놀아도 되지 않나 하는 생각에 '한 번만!' 하고는 실수를 하게 되고 이를 반복하면서 재발의 위험에 빠지는 경우다.

열심히 노력하는 것은 좋지만 모든 게 단계와 과정을 거

쳐야 한다는 점을 잊지 않아야 한다. 한 단계, 한 단계 천천히, 그리고 꾸준히 올라가야 회복이라는 정상에 도달할 수 있다. 중독이라는 심각한 질병을 앓던 사람의 삶이 어떻게 하루아침에 바뀔 수 있겠는가. 회복에도 시간이 필요하다. 너무 급하게 하려 하지 말고 여유를 갖고 천천히, 꾸준히 하는 게 중요하다.

어렵다면 규칙을 정해놓고 지키면 된다. 하루 8시간 일하고, 8시간은 여가 활동을 하며, 8시간은 수면을 하겠다고 정해놓는 것이다. 이렇게 규칙을 정해놓고 거기에 익숙해지는 훈련을 하다 보면 자연스럽게 균형 잡힌 삶을 살아가게 되고, 그러면 재발의 위험에서 한 발 더 멀리 떨어져나와 회복의 가능성으로 조금 더 다가가게 된다.

3장
어둠을 뚫고 다시 꽃을 피울 시간

너와 나를 위한 의미 있는 행동

치료의 최종 목표는 약을 끊는 게 아니다. 약을 끊는 것은 치료의 기본이다. 치료의 최종 목표는 보람된 인생을 사는 것이다. 미래에 대해서는 누구도 알 수 없듯이 우리는 모두 자기의 죽음에 대해 알 수 없다. 하지만 이것만은 분명하다. 누구나 죽는다는 사실이다. 그 유한함으로 인해 사람들은 최선을 다해 자신의 삶을 의미 있게 만든다.

어떤 스님이 쓴 책에서 이런 구절을 읽은 기억이 있다. 한 부모가 자식에게 말한 내용을 대략 요약해 보면 이렇다.

"너는 태어날 때 응애응애 울면서 태어났으나 우리 가족들은 너무 좋아서 웃었단다. 그러면 너는 어떻게 죽어야 하니? 너는 웃으면서 죽어야 하고 주변 사람들은 네가 죽는 게 안타까워 울어야 해. 그 사람들을 위로하면서 행복하게 살다 가니 걱정하지 말라고, 우리 천국에서 만나자고 말해야 해."

정말 이렇게 삶의 마지막을 맞이할 수 있다면 얼마나 좋겠는가. 이렇게 웃으면서 의연하게 잘 죽으려면 행복하게 잘 사는 방법밖에 없다. 죽음을 앞둔 사람 앞에 누구 하나 아쉬워하는 사람도, 슬퍼하는 사람도 없다면 100년을 살았다 한들 무슨 소용이겠는가. 하지만 과거는 이미 흘러갔다. 과거에 부족하고 그릇된 삶을 살았더라도 지금 이 순간부터 잘못을 회개하고 의미 있는 삶을 살아가면 된다. 예수님도 아무리 악한 사람이라고 해도 회개하면 천당에 갈 수 있다고 하지 않는가.

인간의 삶은 유한하다. 그래서 인간에게는 영원히 살고 싶은 욕구가 있다. 그런데 영원히 살 수 있는 방법이 있다. 하나는 대대로 유전자를 통해 이어지는 삶이고, 다른 하나는 명예다. 설령 한때 어두운 과거가 있었다 해도 평소 남을 배려하고 도우며 죽는 순간까지 삶에 대한 진지함을 잃지 않고 살아간다면 많은 사람들이 그의 죽음을 안타까워하고, 그가 죽은 뒤에도 오래오래 그를 좋은 사람으로 기억할 것이다. 보람으로 가득한 인생을 살다 감으로써 사람들의 기억에 오래도록 남는 것, 그것이 바로 죽었어도 영원히 사는 방법이다. 본인 스스로도 보람된 인생을 살아서 의연하게 죽음을 받아들일 수 있다면 그것이 진짜 행복한 삶의 마무리다.

행복한 삶이란 돈과 권력으로 살 수 있는 게 아니다. 누군가를 도울 수 있는 마음과 행동, 누군가에게 힘을 주는 존재가 되면 그게 바로 행복한 삶이다. 이런 삶을 위해서는 그동안 방해가 되었던 약물을 가차 없이 버려야 한다. 그리고 정직하고 책임감 있고 규칙적인 삶을 만들어 나가야 한다. 그러면 그 변화된 힘으로 나 자신을 약물의 유혹으로부터 지켜낼 수 있다.

담배를 끊기 전에는 몰랐는데 막상 담배를 끊고 나니 흡연자들이 더할 나위 없이 불쌍하고 처량하게 보인다. 그래서 어떻게든 그들이 금연할 수 있도록 도와주고 싶어진다. 이게 바로 회복자들의 마음이다. 중독에서 벗어나 회복이 되고 나면, 중독으로 힘들어하는 사람들을 볼 때 몹시 안타깝고 안쓰럽고 불쌍해서 마음이 아프다고 한다. 한때 자기가 그랬던 것처럼 고통 속에 살고 있는 모습을 보면서 도와주고 싶은 마음이 절로 드는 것이다. 나도 끊었으니 당신도 할 수 있다는 강하고 확신에 찬 메시지를 전하면서 도움을 주는 것이다.

이런 사람들끼리 자조 모임을 만들기도 하는데, 그런 모임이 전 세계적으로 지역마다 활성화되어 있다. 자조 모임은 공통적인 문제를 가진 사람들이 자발적으로 모여 공통의 목적을 위해 활동하며 개개인이 서로 도움을 주고받는 모임이다.

특히 만성 질환인 중독은 평생 관리해야 하는 병이다. 하지만 항상 의사가 따라다니며 관리해 줄 수는 없는 일이다. 그래서 스스로 자기 관리를 해야 하는데 혼자는 쉽지 않기 때문에 이런 모임을 만들어 서로서로 회복할 수 있도록 도움을 주고받는 것이다. 이렇게 자조 모임의 일원이 되어 다른 사람이 회복할 수 있도록 돕는 일을 함으로써 보람된 삶을 사는 것은 자기 자신의 회복을 위해서도 아주 바람직한 선택이다.

중독은 치료가 가능한 질환이다

|

많은 사람들이 정말 중독이 치료가 가능한지 묻는다. 확실하게 말하는데, 얼마든지 가능하다. 주변만 보더라도 중독이라는 질환에서 회복된 사람들이 셀 수 없이 많다. 그런데도 마약은 쉽게 끊을 수 있는 게 아니기 때문에 치료가 불가능하다고 생각하는 사람들이 많다. 그것은 회복된 사람들을 만나보지 못하고 늘 약에 취해 있거나 재발하는 사람들만 봐서 하는 소리다. 그리고 이런 사람들을 앞세워 자포자기하면서 회복에 이르지 못하는 것이다.

그런데 가만히 생각해 보면 이런 사람들이 회복한 사람을 만날 수 있는 기회가 거의 없다. 자조 모임이 아니고서야 회복한 사람들이 왜 이런 사람들 곁에 나타나겠는가. 자기 보호 차원에서도 피할 일이다. 그렇기 때문에 회복자들의 도움이 절대적으로 필요하다. 회복자들을 많이 보면서 저들처럼 나도 끊을 수 있다는 희망을 품고 굳은 결심을 하도록 해야 한다.

우리 사회에는 유명 인사나 연예인들이 마약으로 힘든 삶을 사는 경우가 종종 있다. 나는 이들이 음지로 숨지 않고 용기 있게 커밍아웃하기를 바란다. 온갖 매체를 통해 이미 다 알려졌기 때문에 감춘다고 해서 있었던 일이 없었던 일이 되지는 않는다. 그래서 과감하게 커밍아웃하고 치료와 회복의 과정을 거친 다음, 회복자의 입장으로 다른 중독자들에게 희망을 주고 회복을 돕는 홍보대사가 되면 좋지 않을까 한다. 이들의 영향력은 일반인들에 비해 크기 때문에 그 효과도 훨씬 크고 나 같은 의사가 백 번 이야기하는 것보다도 치료 효과나 재발 예방 효과가 훨씬 더 좋을 것이다. 특히 유명 인사나 연예인을 동경하는 10대들을 대상으로 할 경우 그 효과가 더 크게 나타날 것이다.

약을 끊기는 쉽다. 안 하면 되니까. 하지만 그것을 유지하기가 정말 어렵다. 재발의 위험성이 높다는 게 중독이라는 질병의 특징이다. 보통은 약을 하고는 싶은데 단약을 해야 하기 때문에 참는다고 한다. 그러나 참는 데도 한계가 있고, 결국 재발로 이어진다. 참는다는 것은 약물에 대한 미련이 있다는 뜻이다. 그러나 약을 끊는 일이 즐거우면 단약을 지속할 수 있다. 한마디로 약을 끊는 일은 참는 게 아니라 안 했을 때의 즐거움을 찾는 것이다. 약을 끊었는데 계속 너무 힘들기만 하다면 재발 위험이 크다.

약물에서 벗어나 진정한 자유를 맛보고, 가족들이 좋아하고, 일도 할 수 있는 등 단약을 하면서 생기는 긍정적인 면들을 찾아가는 게 회복의 길이다. 단약을 통해 즐거운 시간을 많이 가질 수 있도록 도와주고, 또 그런 즐거움을 많이 찾아내야 한다. 스스로 행복을 찾아 만들어가는 것이다. 약을 끊고도 행복할 수 있다면 회복에 아주 가까이 다가와 있다고 볼 수 있다.

회복자는 살아 있는 희망이다

중독 치료와 재발 예방에서 중요한 한 부분은 회복된 강사들의 역할이다. 이들이 적극적으로 치료에 개입할 때 효과를 높일 수 있다. 중독을 경험한 회복자가 중독의 문제를 가장 잘 알고 있기 때문이다. 그래서 중독자들은 중독을 경험하지 못한 전문가들을 잘 믿지 못하는 경향이 있다. 여러 가지 조언과 치료 방법에 대해 이야기하면 '약물도 해보지 않은 당신이 뭘 안다고 그렇게 이야기하느냐'는 식의 반응을 보인다. 그래서 회복자의 역할이 중요하다.

실패한 사람만 보니까 중독은 치료가 안 되는 질병이라고 생각해 지레 좌절하고 자포자기하기 때문에 반복해서 재발이 야기된다. 이런 중독자들에게 회복자는 중독도 치료가 될 수 있다는 것을 보여주는 희망의 증거다. 그래서 회복자는 겸손과 책임감, 정직함을 중시하고 규범적인 삶을 살아가는 모습을 보임으로써 회복의 모델이 될 수 있다.

회복 강사로서의 역할을 하려면 자신의 중독과 회복의 경험을 바탕으로 피해 상황과 회복 과정을 논리적으로 잘 설명하고 이해시킬 수 있는 자질이 필요하다. 그리고 회복 강사로서 몇 가지 알아두어야 할 사항이 있다.

먼저 중독 질환의 기전을 이해해야 한다. 중독의 원인에 대해서도 이해해야 하는데, 예를 들면 그 사람의 가치관과 생활 양식의 특성 같은 것이다. 그리고 중독의 치료에 대한 이해가 필요하다. 치료의 목표가 약을 끊는 게 아니라 건강한 삶에 있다는 것에 대한 이해가 필요하며, 치료 과정과 본인의 역할, 가족의 역할에 대해 충분히 이해해야 한다.

그뿐만 아니라 재발 예방에 대한 이해도 필요한데, 재발의 원인과 고위험 상황에서의 대책에 대해 알고 있어야 한다. 또한 자조 모임에 대해서도 이해하고 있어야 한다. 예를 들면 자조 모임의 목적과 역할 같은 것이다. 또 하나 관련 법과 제도에 대한 이해도 필요하다.

끝으로 회복자는 회복의 경험을 나누고, 더불어 회복하며, 건강한 가정과 사회를 만들 것에 서명해야 한다. 여기까지가 회복 강사가 갖춰야 할 요건과 역할이다.

4장

함께할 때 더 빛나는 공동체의 힘

치료공동체의 역할

약물 중독의 원인은 '약물' 그 자체에 있는 게 아니라 약물을 사용하는 바로 그 '사람' 전체의 문제라는 근본적인 전제가 있다. 사람이 새롭게 바뀌지 않고는 약물 중독에서 빠져나오기란 쉽지 않다. 약물을 남용해 왔던 그 상태 그대로의 사고방식과 생활 양식을 가지고 있는 한 약물 중독에서 빠져나올 수 없다. 그래서 치료의 원칙은 중독된 사람의 생활 양식을 '책임감 있고 정직한 생활 양식'으로 바꾸어야 하고, 그러기 위해서는 기존의 부정적 사고방식과 부정적 감정 표현, 부정적 행동 양상을 모두 긍정적인 것으로 바꾸어야만 가능하다.

이런 긍정적인 사고와 책임감 있고 정직한 생활이 몸에 밴다면 산다는 것 자체가 의미 있고, 약물에 의존하지 않는 생활이 진정으로 행복하다는 사실을 알게 될 것이다. 그러나 수십 년간 쌓아온 생활 양식을 하루아침에 바꾸기란 쉽지 않아서 일정 기간의 훈련이 필요하다. 어느 회복된 중독자가 약물 중독자 자조 모임NA, Narcotics Anonymous에서 한 말이 폐부를 찌른다. 그는 "피눈물을 흘려보지 않고는 약물 중독에서 회복될 수 없다"고 토로했다. 아무리 약을 끊을 의지가 있더라도 마음속 깊은 곳에서 우러나오는 철저한 반성과 약물 없는 생활을 실천에 옮기려는 끊임없는 노력이 없으면 안 된다는 것이다. '한 번 약물 중독자는 평생 약물 중독자'라는 말은 회복의 희망이 없다는 자조적인 말이 아니고, 그만큼 약물의 유혹은 평생 지속되니 항상 경계해야 한다는 뜻이다.

많은 회복된 중독자들은 이런 말의 의미를 가슴 깊이 새기고 있다. 그동안 약을 끊으려는 노력에도 불구하고 수많은 좌절을 경험했고, 그럼에도 그 속에서 회복을 향한 집넘을 불태우며 깨우친 말이기 때문이다. 그래서 약물 중독자 자조 모임에서 처음에 하는 말이 '나는 약물 중독자 누구누구이며 ○○년간 단약을 유지하고 있다'라는 말이다. 이 말에는 '약물 중독으로 인해 나는 너무나 많은 것을 잃었습니다. 또한 약물을 끊기 위해 피나는 노력을 해오고 있습니다. 나는 약물을 끊은 지 10년이 넘었지만 아직도 경계를 게을리하지 않고 있습니다. 나는 약물을 끊음으로써 인생의 참뜻을 알게 되었고 지금은 너무나 행복합니다. 나는 회복된 약물 중독자로서 아직도 약물에서 헤어 나오지 못하는 약물 중독자들에게 단약의 즐거움을 전해주고 싶습니다'라는 말이 함축되어 있다.

한 회복된 중독자는 이렇게 말한다. "내가 약물 중독에 빠졌던 것을 너무나 감사하게 생각합니다. 내가 만일 약물 중독에 빠지지 않았다면 인생을 되돌아볼 기회도 없었을 것이고, 그랬다면 나는 약물이 아니더라도 아마 다른 부정적인 행동과 문제로 얼룩진 인생을 그대로 답습하며 살고 있었을 것입니다. 나는 약물에 중독되었었고 중독에서 회복되면서 나의 인생을 되돌아볼 수 있었기에 지금은 새롭고 건강한 삶을 살게 되었습니다."

참으로 역설적인 말이 아닐 수 없다. 약물에 중독되기를 잘했다는 게 아니라, 중독에서 회복될 기회가 있었기에 진정한 행복을 느낄 수 있었다는 것이다. 우리는 약물뿐 아니라 다른 많은 것들에 중독(알코올, 도박, 섹스, 경마, 범죄, 반사회적 행동, 심지어는 일중독까지)되어 있을 수 있다. 물론 이런 것에 중독되지 않는 게 중요하지만, 더 중요한 것은 중독에서의 회복을 통해 깨우치는 게 있을 때 인생의 의미가 더 소중해진다는 것이다. 이는 중독에서 회복된 사람들만이 겪는 인생의 교훈이다. 그래서 이런 소중한 경험을 함께 나누고, 아직도 헤어 나오지 못하는 수많은 중독자들에게 희망의 횃불이 되고 싶어 약물 중독자 자조 모임을 만들고 함께하는 것이다.

사실 약물 중독자들은 그로 인해 수많은 소중한 자산을 잃었다. 경제적인 것은 말할 것도 없고 사회적 지위와 심지어는 취미생활까지도 잃어버렸다. 더 무서운 것은 사람을 잃었다는 사실이다. 결국 친구는 물론 부모, 자식, 배우자까지도 자신의 곁을 떠나고 나중에는 외로움에 몸부림치며 또다시 약물에 의존할 수밖에 없게 된다. 아무리 단약의 의지가 강하다 해도 주위에 이를 믿어주는 사람이 없고 지지해 주는 사람이 없으면 쉽게 무너지고 만다. 아무리 훌륭한 치료적 기법이 도입되었다고 해도 이를 꾸준히 적용하고 평생 유지하지 않는다면 소용없다.

그러기 위해서는 이를 함께 적용하고 평생의 동지로서 서로를 지지하는 체제가 있어야만 한다. 이것이 바로 약물 중독자 당사자들이 필요에 의해 자율적으로 만드는 약물 중독자 자조 모임이다. 이런 단약 모임이 바로 새로운 삶을 위한 자신들의 보호막이 되고 지지막이 되며 비빌 언덕이 된다. 약물 중독의 피해와 이로 인한 처절한 외로움은 약물 중독자와 이들의 회복을 도우려는 사명감을 가진 사람들만이 충분히 공감할 수 있다.

외국에서는 이런 회복된 중독자들이 약물 중독 치료에 크나큰 도움을 주고 있다. 치료 일선에서 1차 상담자로서 자신의 부정적인 약물 남용의 경험을 치료라는 긍정적인 방향으로 적용해 간다. 많은 약물 중독자들의 꿈은 다시는 자신과 같은 약물 중독자들을 만들지 않기 위해, 나아가 약물 중독의 늪에서 빠져나오려는 사람들에게 용기와 희망을 주기 위해 일하는 것이다. 약물 중독에서 빠져나오는 지름길은 중독자 자신이 자신의 치료자는 물론이고 다른 중독자의 치료자가 되는 길이다.

서로가 서로의 회복을 위해 돕는 단약 모임인 약물 중독자 자조 모임에는 12단계와 12전통이 있다. 한마디로 약물로 점철된 지나온 날들을 철저히 반성하고 혼자의 힘이 아닌 같은 목적을 가진 동료들과 함께 건강하고 새로운 삶을 실천할 수 있는 방안을 만든 것이다. 이런 단계와 전통은 비단 약물 중독자뿐만 아니라 일상적인 삶을 살아가는 사람들에게도 손쉽게 적용되는 좀 더 인간적인 생활을 위한 것이다. 약물에 중독되었으나 이제는 회복을 통해 전에는 맛보지 못한 진정한 즐거움을 새롭게 알게 되는 것이다.

비록 일주일에 한두 번, 한 달에 한 번뿐이라고 해도 그동안 이해해 주고 서로에게 의지가 되었던 새로운 삶을 살고 있는 자신과 동료들을 만나는 것만으로도 행복을 느끼게 된다. 만남을 통해 자신의 회복을 점검하고, 나약해지려는 자신의 마음을 다스리고, 다른 회복자들의 아픔과 어려움을 이해하고 지지하면서 함께 즐거운 인생으로 나아가는 모임이 너무나 고마운 것이다.

약물 중독자 자조 모임의 핵심은 서로에 대한 사랑이다. 형식과 격식이 중요한 게 아니라 마음이 중요하다. 이 세상에 약물 중독의 비애를 알고 이해하는 사람들은 약물 중독자 자신들뿐만 아니라 가족과 또 중독자들을 회복시키기 위해 노력하는 많은 상담가와 치료자들이다. 진정한 단약 모임은 가능한 한 회복을 위해 노력하는 많은 사람들이 모여 서로가 정직하고 신뢰하는 사회를 만들어가는 거라고 생각한다.

약물 중독은 회복이 가능한 질병이며, 회복은 서로의 믿음에서 생겨난다. 약물 중독자 자조 모임은 약물의 종류를 떠나 누구에게나 열려 있고, 사회적, 종교적, 경제적, 인종적, 국가적, 성적 차별이 없다. 일정한 회비도 없으며, 다만 모임에 소비되는 다과류 등을 준비하기 위한 소정의 자발적 기금을 받을 뿐이다. 약물 중독자 자조 모임은 서로 간의 연결을 통해 회복 과정과 지지적 네트워크를 제공한다. 이 모임의 성공 요인 중 가장 중요한 것은 회복된 중독자들이 다른 중독자들을 회복의 길로 이끄는 가장 핵심적인 가치를 지닌다는 것이다. 회원들은 약물 중독자 자조 모임의 12단계와 12전통에 포함된 기본 원칙을 지켜가면서 약물 중독을 극복하고 약물로부터 자유로운 생활 양식을 지니기 위한 성공과 도전을 함께 나눈다.

12단계는 총 세 단계로 나눌 수 있다. 첫 번째는 자신이 약물에 무력해 혼자서는 회복이 어렵다는 것을 깨닫고, 중독으로 인해 자기의 삶이 망가져 수습할 수 없게 되었음을 인정하고, 도움을 줄 수 있는 강력한 힘을 가진 존재higher power의 도움을 구하고, 이에 따르기로 결정하는 단계다. 사실 이 첫 단계가 가장 어렵다. 중독은 자신이 중독임을 인정하지 않는 특징이 있어서 스스로 치료를 시작지 않기 때문에 회복이 어려운 것이다. 스스로 중독임을 인정해야만 다음 회복 단계로 나아갈 수 있다. 그래서 자신의 피해 경험뿐만 아니라 다른 중독자들의 피해 경험을 공유함으로써 미래의 상황을 예상하고 하루라도 빨리 빠져나올 수 있도록 서로 돕는다.

　　강력한 힘을 가진 존재는 신적인 존재일 수도 있고, 치료자나 부모, 다른 회복자 등 자신에게 진정으로 도움을 줄 수 있는 대상이다. 상대방에게 자신을 도와줄 수 있다는 믿음이 생길 때 도움을 받을 수 있다. 두 번째 단계는 이 강력한 힘을 가진 존재의 명령에 따르는 것이다. 첫 번째 명령이 자신의 결점을 일일이 찾아보고 솔직하게 고백하라는 것이라면, 두 번째 명령은 그동안 자신이 피해를 주었던 대상들에게 기꺼이 할 수 있는 데까지 최선을 다해 보상하라는 것이다. 보상을 해야 관계가 회복되기 때문이다.

세 번째 단계는 이를 지속하는 것이다. 과거의 문제뿐만 아니라 생활하면서 생기는 문제들을 그 순간순간 반성하고 보상해 나가는 과정을 거치면서 자기의 삶이 바뀌고 나아가 영적인 각성에 이르게 된다. 자기의 결점을 고쳐가면서 보상을 통해 관계를 개선하면 비로소 삶의 의미를 깨닫게 된다. 또한 아직도 이를 모르고 있는 중독자들에게 메시지를 전달해 동참하게 할 사명도 갖게 된다. 회복자들의 메시지 전달은 치료 동기화에 매우 효과적이다.

약물 중독자 자조 모임은 1999년에 결성된 '이화' 모임이 그 시작이며, 이때는 치료감호소 환자가 중심이었다. 그러다가 2004년 6월 26일 공식적으로 약물 중독자 자조 모임이 결성되었고, 이듬해인 2005년에 세계 자조 모임 서비스NA World Service에 등록되었다. 현재 우리나라에는 서울(압구정, 학동, 당산, 목동)을 비롯해 인천, 부산, 김해, 대전, 제주, 국립법무병원에 자조 모임이 있다. 2006년부터 여러 차례에 걸쳐 한국과 일본이 함께 컨벤션을 진행하기도 했다.

자조 모임의 주요 역할은 다양하다. 그중 하나가 회복된 중독자의 중요성이 강조되는 역할이다. 이들은 중독자들에게 회복의 희망을 줄 수 있는 모델이 되며, 자기의 경험을 바탕으로 일차적 상담이 가능하다. 또 다른 역할은 정기적 모임을 통한 자가관리다. 약물 중독의 치료는 평생 지속되어야 하기 때문에 입원과 외래 치료를 받고 있다 하더라도 자가관리가 꾸준히 이루어져야 한다. 자조 모임의 도움으로 자가관리가 가능하다.

이들이 모여 다르크DARC, Drug Addiction Rehabilitation Center를 운영한다. 다르크는 회복자가 24시간 운영하는 주거 재활센터다. 1985년에 일본에서 시작되어 현재 90여 개 다르크에서 2,000여 명이 재활 중이다. 서울에는 2012년에 처음 개설되었고, 현재는 인천, 김해, 제주 다르크가 운영 중이다. 회복자들이 중독자들과 같이 생활하면서 자기의 경험을 토대로 롤모델이 되어 중독자들의 회복을 돕는다. 또 다른 재활 기관으로는 한국마약퇴치운동본부 주간재활센터가 있다.

많은 중독 환자들이 가족들의 거부와 경제적 어려움, 직업 활동의 어려움과 취미생활의 어려움을 겪고 있기 때문에 사회 적응이 어렵다. 그래서 더욱 이런 쉼터와 재활센터의 적극적인 활성화가 필요하다. 하지만 재활센터나 쉼터 같은 공동체를 운영하는 데 많은 문제점이 따른다. 우선적으로 기본적인 프로그램이 부족하다. 그래서 숙식을 제공하는 정도에 그치거나 직업재활에만 치중해 있는 경우가 많다. 그러다 보니 재발이 잦을 수밖에 없다.

또 다른 문제점은 관리체제의 부재다. 함께 생활하는 지도자가 없는 곳도 있고 체계화된 규칙이 없는 곳도 많다. 이뿐만 아니라 대상자를 선정하는 데도 문제점이 있다. 기본적인 치료 과정을 마친 후에 재활하도록 해야 한다거나 기본적인 단약 기간을 거친 후에 재활하도록 하는 등의 명확한 선정 기준이 필요하다. 그리고 재정적 어려움 또한 빼놓을 수 없는 문제점 중 하나다.

강제 치료의 필요성

치료와 재활이 더욱 발전해 나가려면 자발적 치료의 활성화가 이루어져야 한다. 그러기 위해서는 치료에 대한 적극적인 홍보가 필요하다. 예를 들어 철저하게 비밀을 보장해

주며 법적인 제재 없이 치료가 가능하다는 것을 적극적으로 알리는 것이다. 경찰이나 검찰, 법무부 등의 주관으로 홍보하는 것도 효과적인 방법이다. 또한 장단기 거주 치료, 외래 치료 프로그램 등의 다양한 프로그램 개발이 시급하며, 이와 관련한 전문가를 양성하고 교육하는 프로그램 개발도 필요하다.

중독은 질환의 특성상 남용자나 의존자가 자발적으로 치료를 받는 비율이 매우 낮아서 강제 치료가 필요할 수밖에 없다. 강제 치료는 일정 기간 치료에 전념할 수 있다는 장점이 있다. 또한 조기에 치료를 받을 수 있고, 재발하면 자발적으로 치료를 받는 계기가 된다. 다만 강제 치료 시 몇 가지 조건을 갖춰야 한다. 우선 치료 가능성이 있는 환자를 선정해 치료와 수감 중 선택하도록 한다. 치료를 받으면 집행유예나 가석방, 가종료와 같은 일정한 법적 이득이 있어야 한다. 그리고 치료를 제대로 받지 않을 시에는 철저하게 법적 제재가 따라야 하고, 약물 검사 등을 포함해 정기적인 진료와 감독이 필요하다.

법적 강제 치료를 활성화하려면 강제 치료 의뢰에 대한 고과 점수를 부여하고, 표준화된 평가 방법의 개발과 적용이 필요하다. 가령 객관적 평가로 치료 가능성이 있는 환자를 우선 치료하는 식이다. 3개월 이상의 입원 치료와 순응적이지 않은 사람에 대한 엄격한 법 적용이 따라야 한다. 정기적으로 약물 검사를 실시하고 외래 치료를 명문화해야 하며, 치료 명령 제도와 약물 법원 제도를 도입함으로써 검거 초기부터 치료와 연계한다. 법적 체제와 치료 체제 간의 활발한 교류가 이루어져야 법적 강제 치료가 활성화될 수 있다.

그렇게 하려면 하루빨리 약물 남용 연구소가 설립되어야 한다. 역학조사, 정책 개발, 치료 프로그램 개발과 보급, 연구사업, 교육사업 등이 활발하게 진행되면 적극적이고 체계적인 치료와 예방을 위한 시스템을 갖출 수 있다.

온전한 회복

중독은 만성 질환이며 생명을 위협하는 심각한 질병이다. 본인뿐 아니라 가족의 안녕을 해치는 질병이다. 장기간의 치료가 필요하며 치료 중에 나타날 수 있는 재발은 실패가 아니라 하나의 과정으로 이해해야 한다. 그렇기 때문에 가족과 사회의 지지가 필수다. 중독 환자들에게 자조 모임은 유지 요법의 핵심이다.

하지만 그 무엇보다 중요한 것은 예방이다. 애초에 약물에 손을 대는 일이 없어야 한다. 중독은 단 한 번의 경험만으로도 점점 더 깊은 늪으로 빨려 들어가기 때문이다. 아예 시작조차 하지 않는 게 가장 최선이지만 어떤 이유로든 한 번이라도 경험했다면 최대한 빨리 거기서 벗어날 수 있도록 최선을 다해야 한다. 늦으면 늦을수록 회복 확률이 낮아진다.

온전한 치료와 회복을 위해서는 환자 스스로 자신이 앓고 있는 중독이 어떤 질병인지를 정확하게 인지시키는 것이다. 중독은 무조건 하지 말라고 해서 나을 수 있는 병이 아니다. 중독의 진행 과정과 그 참담한 결과를 두 눈으로 똑똑히 보고 얼마나 무서운 병인지를 알아야 예방도 하고 치료도 할 수 있다.

최근 우리나라는 마약으로부터 절대 안전하지 않은 나라로 바뀌어 가고 있다. 특히 청소년들의 약물 남용이 확산하면서 그 심각성이 커지고 있다. 그래서 전 국민을 상대로 하는 예방과 치료에 대한 안내가 더더욱 절실하다. 청소년은 성인에 비해 치료 효과가 크기 때문에 조기에 치료를 시작하면 회복 확률이 높다. 청소년은 아직 가치관이 완전하게 형성된 시기가 아니기 때문에 올바른 가치관과 생활 양식을 받아들이는 과정이 훨씬 쉽고 빠르다. 가치관의 변화를 통해 얼마든지 훌륭한 미래를 살아갈 수 있다.

마약은 쉬쉬한다고 해서 사라지는 게 절대 아니다. 오히려 중독의 끔찍함을 파격적으로 알리고 치료와 예방의 중요성을 적극적으로 홍보하는 게 국민의 건강과 안녕을 위해서는 더 나은 선택이다.

드라마나 영화에서 마약 중독자들이 매력적인 캐릭터로 묘사되는 것은 매우 위험하다. 또 각종 매체에서 마약류 중독에 대해 다루면서 구매에서부터 사용 방법 등의 과정을 상세하게 알려주는 것 또한 오히려 마약 남용을 홍보하는 부정적인 효과를 불러온다. 그뿐만 아니라 마약떡볶이, 마약김밥처럼 일상에서 '마약'이라는 단어를 아무렇지 않게 사용하는 것도 마약에 대한 경계심을 무너뜨려 마약을 마치 친근한 것으로 착각하게 만드는 일이다.

어떤 식으로든 마약을 절대 긍정적으로 부각해서는 안 된다. 100가지 나쁜 점을 이야기해도 단 한 가지 좋은 점을 이야기하면 특히 어린 10대들은 거기에 쉽게 꽂힌다. 그때 호기심이 발동해 발을 들이는 순간 악의 구렁텅이로 빠지는 것이다. 마약뿐만 아니라 게임이든 도박이든 알코올이든 중독은 다 똑같다. 그것이 바로 예방과 치료가 중요한 이유이며, 모든 국민이 이 중요성에 대해 인식하고 행동하게 된다면 우리나라는 마약으로부터 안전한 국가가 될 수 있다.

도파민 ──────────────
Dopamine

중추신경계에 존재하는 신경 전달 물질의 일종으로, 아드레날린과 노르아드레날린의 전구체다. 중뇌의 흑질과 복측 피개 영역의 도파민 신경세포에서 분비되어 신경 신호 전달뿐만 아니라 의욕, 행복, 기억, 인지, 운동 조절 등 뇌에 다방면으로 관여한다. 뇌에 도파민이 너무 과도하거나 부족하면 ADHD, 조현병, 치매, 우울장애를 유발하기도 한다. 도파민은 뇌의 보상 회로에서 분비되어 자극에 대한 보상을 예측하는 데 작용한다. 따라서 도파민 분비 조절에 이상이 발생하면 다양한 증상이 나타난다. 보상 회로에서 도파민 농도가 감소하면 우울증이 나타날 수 있고, 보상 회로에서 도파민 민감도가 감소하면 중독으로 나타날 수 있다.

니들 익스체인지 센터 ─────────────

Needle Exchange Center

유럽의 약물 중독 치료 시설에 갖춰져 있는 주사기 교환소다. 이곳에서는 에이즈 감염 확산을 방지하기 위해 약물을 남용하는 사람들이 서로 주사기를 돌려쓰지 않도록 일회용 주사기를 나눠준다. 비밀도 보장되고 사인만 하면 일회용 주사기 30~40개를 박스에 넣어준다. 이 박스에는 폐기통과 일회용 알코올 솜, 일회용 증류수도 함께 들어 있고 주사를 잘못 맞아 염증이 생기면 사용할 연고도 함께 준다. 이 모든 세트가 무료다. 물론 그냥 제공하지 않고 약물 남용을 중단하고 치료할 것을 권유하고 설득한다. 막대한 예산을 들여 이런 캠페인을 함으로써 치료를 받도록 설득도 하고 에이즈도 예방하는 효과를 얻으려는 것이다.

인젝팅 룸 ─────────────

Injecting Room

유럽에 있는 주사방이다. 유럽은 헤로인 같은 중추신경 억제제 남용이 많은데, 이를 과량 투여하면 사망 위험이 증가한다. 목숨이 위급한 상황이 수시로 발생하는 것은 스스로 조절하지 못하기 때문이다. 과량 투여로 인한 응급 상황을 줄이기 위해 정부와 NGO, 종교 단체가 합치해 아예 주사방을 만들었다. 이곳에 등록하면 비밀을 보장해 주는 것은 물론이고, 하루에 3~4회 무료로 헤로인 주사를 놔준다. 물론 이곳에서도 치료를 권유하며 끈질기게 설득한다. 그렇게 함으로써 많은 사람의 생명을 구하는 것은 물론이고, 더 많은 중독자들이 치료받을 수 있게 하는 효과도 가져온다.

치료공동체 ────────────

Therapeutic Community

집단구성원 사이의 대인관계와 집단에서 받는 정신적 억압감, 그리고 그것에 대한 개개인의 자기 관리 능력에 중점을 둔 공동체 생활을 통해 마약 중독자를 재활시키고 사회복귀를 목표로 하는 시설이다. 맥스웰 존스라는 정신과 의사가 제2차 세계대전 당시 전쟁 후유증으로 정신과 질환을 앓고 있는 군인들을 치료하면서 만들어지기 시작했다. 한 환자가 다른 환자를 치료하는 데 도움을 주는 환경을 만들자 치료 효과가 긍정적이었고, 이를 통해 치료 환경이 얼마나 중요한지를 깨달았다. 이를 중독 환자들에게 적용하기 시작하면서 치료공동체가 만들어졌고, 중독 치료에서 이는 매우 중요한 역할을 한다.

약물 중독자 자조 모임 ─────────

Narcotics Anonymous

약물 남용의 문제를 효과적으로 조절하기 위해 서로 의견을 나누며 함께 노력하는 사람들의 모임이다. 1999년에 결성된 '이화' 모임이 그 시작이며, 이때는 치료감호소 환자가 중심이었다. 그러다가 2004년 6월 24일 공식적으로 약물 중독자 자조 모임이 결성되었고, 이듬해인 2005년에 세계 자조 모임 서비스에 등록되었다. 현재 우리나라에는 서울(압구정, 학동, 당산, 목동)을 비롯해 남양주, 인천, 부산, 김해, 대전, 제주, 국립법무병원에 자조 모임이 있다. 알코올 중독자 자조 집단의 12단계와 12전통 프로그램을 도입해 사용하고 있으며, 기분을 변화시키기 위해 물질이나 약물을 사용한 과거력이 있는 사람이면 나이, 성별, 직업, 학력, 종교 등에 상관없이 참여할 수 있다. 회복 중에 있는 약물 중독자 모임으로 정기적 만남을 통해 약물을 끊기 위한 노력을 유지할 수 있도록 서로 도움을 준다.

KI신서 13385
마약을 삼킨 나라, 대한민국

1판 1쇄 발행 2025년 3월 7일
1판 2쇄 발행 2025년 3월 28일

지은이 조성남
펴낸이 김영곤
펴낸곳 (주)북이십일 21세기북스

인생명강팀장 윤서진 **인생명강팀** 박강민 유현기 황보주향 심세미 이수진 이현지
디자인 형태와내용사이
출판마케팅팀 남정한 나은경 최명열 한경화 권채영
영업팀 변유경 한충희 장철용 강경남 황성진 김도연
제작팀 이영민 권경민

출판등록 2000년 5월 6일 제406-2003-061호
주소 (10881) 경기도 파주시 회동길 201(문발동)
대표전화 031-955-2100 **팩스** 031-955-2151 **이메일** book21@book21.co.kr

(주)북이십일 경계를 허무는 콘텐츠 리더

21세기북스 채널에서 도서 정보와 다양한 영상자료, 이벤트를 만나세요!
페이스북 facebook.com/jiinpill21 **포스트** post.naver.com/21c_editors
인스타그램 instagram.com/jiinpill21 **홈페이지** www.book21.com
유튜브 youtube.com/book21pub

서울대 **가**지 않아도 들을 수 있는 **명강**의! 〈서가명강〉
'서가명강'에서는 〈서가명강〉과 〈인생명강〉을 함께 만날 수 있습니다.
유튜브, 네이버, 팟캐스트에서 '서가명강'을 검색해보세요!

ⓒ 조성남, 2025

ISBN 979-11-7357-096-4 04300
       978-89-509-9470-9 (세트)

심리

권일용 저 │ 『내가 살인자의 마음을 읽는 이유』
권수영 저 │ 『관계에도 거리두기가 필요합니다』
한덕현 저 │ 『집중력의 배신』

경제

김영익 저 │ 『더 찬스 The Chance』
한문도 저 │ 『더 크래시 The Crash』
김두얼 저 │ 『살면서 한번은 경제학 공부』

과학

김범준 저 | 『내가 누구인지 뉴턴에게 물었다』
김민형 저 | 『역사를 품은 수학, 수학을 품은 역사』
장이권 저 | 『인류 밖에서 찾은 완벽한 리더들』

인문/사회

김학철 저 | 『허무감에 압도될 때, 지혜문학』
정재훈 저 | 『0.6의 공포, 사라지는 한국』
권오성 저 | 『당신의 안녕이 기준이 될 때』

고전/철학

이진우 저 | 『개인주의를 권하다』
이욱연 저 | 『시대를 견디는 힘, 루쉰 인문학』
이시한 저 | 『아주 개인적인 군주론』